阎锦婷　高晓天　闫　军◎编著

语言障碍儿童
词语
训练手册

43个主题内容　　**5**大模块

名师教学示范　　图库资源可下载

北京科学技术出版社

图书在版编目（CIP）数据

语言障碍儿童词语训练手册 / 阎锦婷，高晓天，闫
军编著 . —北京 : 北京科学技术出版社，2023.10
ISBN 978-7-5714-3244-7

Ⅰ . ①语… Ⅱ . ①阎… ②高… ③闫… Ⅲ . ①语言障
碍 – 儿童 – 教育康复 – 手册 Ⅳ . ① G762.2-62

中国国家版本馆 CIP 数据核字 (2023) 第 178195 号

责任编辑：张露遥
责任校对：祝　文
图文制作：天露霖
责任印制：李　茗
出 版 人：曾庆宇
出版发行：北京科学技术出版社
社　　址：北京西直门南大街16号
邮政编码：100035
电　　话：0086 – 10 – 66135495（总编室）　　0086 – 10 – 66113227（发行部）
网　　址：www.bkydw.cn
印　　刷：北京宝隆世纪印刷有限公司
开　　本：889 mm × 1194 mm　　1/16
字　　数：92千字
印　　张：8.75
版　　次：2023年10月第1版
印　　次：2023年10月第1次印刷
ISBN 978-7-5714-3244-7

定　　价：78.00元

序　言

编写本书，源于身为儿童语言康复教师的责任感和使命感。

2013年，我考入北京语言大学语言病理与脑科学研究所，第一次见到了很多语言障碍儿童。他们有的无语言，有的语音不连贯或口齿不清，有的不会恰当或者有效地使用词汇。我对他们充满了同情。后来，研究所的老师安排我为一名孤独症儿童DD做康复训练，他的出现，改变了我的世界观。

在尝试着用所学知识为DD做康复训练时，我发现，训练过程并不像想象的那么困难和艰辛。差不多1个月以后，DD的情绪稳定了下来，学会了安坐，并能理解和执行简单的指令。他努力地想要发出"a""i"的语音的情景，每次听到歌曲《生日快乐》便注视着我的眼睛冲我笑的样子，永远地刻在了我的心里。从那时起，我便在笔记本上写下了这样的话：孩子，不管你缺失了多少语言认知，无论你挑战了多少世俗偏见，老师依然爱你、尊重你、理解你、教育你。再后来，因科学研究的需要，我有机会到特教学校、机构看望更多的语言障碍儿童，有时还会给他们做一些测评和康复训练，他们积极向上，温暖人心，令人感动。

博士毕业后，我到沧州师范学院工作。从我的导师石锋教授支持我向这一方向继续前进之时起，到现在我牵头成立沧州市儿童语言康复研究所，我们每年为近百名儿童进行免费测评和康复训练。在这个过程中，我从未因为疲惫而动摇过，也从未因为挫折而放弃过。

如今，我们做公益活动已有5年，积累了一些经验，在此基础之上我们编写完成了本书。本书主要想解决儿童语言康复教学中的3个问题。

解决"为什么教"的问题。词语是语言的重要组成部分，也是衡量儿童语言认知发展的重要指标。词语训练是儿童语言认知康复训练体系中不可或缺的基础环节。由于语言障碍儿童，尤其是智力障碍和孤独症儿童的特性，特教老师和家长需要将大量词语重复地输送给这些儿童，他们才能有效地实践应用。市场上关于婴幼儿词语启蒙的书籍层出不穷，但系统性不足，且基本都是图片加文字的简单形式，儿童只能辨认和模仿，不涉及诸如大运动、精细动作、认知能力、语言沟通、情绪管理、社会交往等能力的训练，也体现不出词语泛化、巩固和应用的过程，针对性和可操作性不强。

解决"教什么"的问题。由于词语数量大、类型多，且在不同环境中使用的变化性大，语言障碍儿童学习词语面临巨大挑战。当前，关于儿童语言康复训练的研究并不多，专门针对语言能力较为落后的儿童的训练研究更少。无语言或语音不连贯、不清晰的儿童的康复训练尚可参考一些口肌训练游戏手册辅助教学，而词汇量不足或者不会恰当有效地使用词汇、不带任何明显交流目的地仿说的儿童的康复训练应如何开展？词语训练涉及哪些内容？这些问题让特教老师和家长都倍感困惑。

解决"怎么教"的问题。本书分43个主题，内容覆盖日常生活的方方面面。基本上，前面的主题如"身体部位、常见动词、蔬菜、水果、食物、颜色、形状"等属于词语训练中的基础内容，后面的主题如"乐器、体育用品、饰品、游戏活动、维修工具、公共标志"等属于词语训练中的拓展内容。每个主题均分为5个模块，分别是：目标词语、认识词语、说出词语、主题活动和训练延伸。"目标词语"部分，列出相关主题的常用词语，是语言障碍儿童语言训练的基础词语。这部分内容在主题下配有相应的图片，以视觉形式帮助儿童学习。"认识词语"部分，以图片结合动作、借助实物、联系实际等方式，让儿童理解词语的意思。"说出词语"部分，分演示阶段、同时表达阶段、辅助表达阶段、跟随式重复阶段、自主表达阶段5个阶段帮助儿童说出词语。这部分内容更适合有语言障碍的孩子，也是从听到说、从仿说到自发的一个过程。"主题活动"部分，涉及大运动、精细动作、言语功能、语言能力、认知能力、情绪行为等，让儿童参与游戏并感受到游戏的乐趣，在游戏中学习词语知识，提高综合能力。"训练延伸"部分，先由治疗师、特教老师或家长设定相关的语言环境，示范词语的应用，然后抛出问题，话轮转换至儿童，让儿童灵活运用词语并拓展。

由于篇幅有限，书中只是给出了不多的示例，实际训练过程中，需要根据儿童的语言能力补充一些词汇，省略或突出某个环节，如"说出词语"的若干阶段等；更重要的是，需要设计大量的新的语境和活动，让儿童参与到丰富有趣的游戏中，以帮助儿童认识、理解和运用词语。上述内容和方法能使许多语言障碍儿童，尤其是孤独症儿童受益，他们在研究所经过一段时间的康复训练后，取得了不错的效果，这鼓舞着我们将经验整理成书，与读者分享。我们也深知，对语言障碍儿童开展语言康复训练不是一件容易的事，但只要努力，总会有收获。前路迢迢，唯心安尔。

本书在编写过程中得到了沧州市儿童语言康复研究所的老师和大学生志愿者的大力支持，他们是（排名不分先后）：刘洁、付天琪、井涓、张丽云、刘子怡、秦彤、王闻闻、朱金明、樊文洁、徐凯。正是因为有了这些老师和大学生志愿者的无私帮助，本书才能高效完成。

在本书即将付梓之际，感谢北京科学技术出版社的编辑老师为本书的出版所付出的辛勤劳动。语言障碍儿童的父母、康复学校和机构的老师、医务工作者、社会工作者均可阅读本书，并据此对语言障碍儿童进行科学、系统的词语训练，以提高他们的语言认知等能力，帮助他们更好地适应社会。

一路走来，感恩我的领导和同事们的支持，这是一个有爱的大家庭；感恩我的老师和同门的帮助，在科研服务社会的路上始终有人与我并肩战斗；感恩孩子们和他们的家长、老师的信任，我们怀着同样的康复梦想携手前行；感恩家人的理解，爱是一道光，如此美妙。

阎锦婷

2023年4月

使用说明

本书共 43 个主题，每个主题下包含目标词语、认识词语、说出词语、主题活动、训练延伸 5 个模块。以下是本书的使用说明。

目标词语。这部分列出了一些与主题相关的常用词语，配有相应的图片，很形象。一般情况下，儿童掌握的词语越多，就越容易理解他人说的话，也越容易组织语言表达自己的观点。但由于词语数量大、类型多，不可能将所有词语都列举出来，因此，本书只提供了部分常用词语，类型以名词和动词居多，它们是构成句子的基本要素。对一些儿童来说，可能所有词语都要作为目标词语去训练；而对另一些儿童来说，他们已经掌握了部分词语，只需要训练未掌握的即可。所以，在训练过程中，要根据儿童实际掌握的词语数量和类型，决定将哪些词语作为他们的目标词语，灵活制订训练计划。

认识词语。这部分也可以称作词语理解。训练过程中，应确保语言符号能有效地与相应的人、事、物建立关联，通过对儿童的视觉通道、听觉通道、触觉通道、味觉通道等多种感官通道的强化训练，使儿童真正理解词语的意思，而不是让他们机械地记忆。同一主题下的词语，一般可以重复训练。但连续认识几个词语后，儿童的兴趣可能会减弱，此时的教学会令他们觉得重复乏味，那么就要考虑加入新的变化。如对水果的训练，可借助认识苹果的方式去认识梨、桃子等；认识西瓜时，可以加入新的活动素材（如西瓜贴纸）、变化动作（由切西瓜变成吃西瓜）或增加更多步骤（先切西瓜，再吃西瓜）等。每个主题的"认识词语"部分都包含 10 个例子，当您不知道该如何解释目标词语，特别是不知道该如何变换教学方式时，这些例子有一定的参考价值。切记，在训练新词时，要及时帮助儿童复习已掌握的旧词，在保质的基础上合理地增加儿童认识词语的数量。

说出词语。这部分也可以称作词语表达。分演示阶段、同时表达阶段、辅助表达阶段、跟随式重复阶段、自主表达阶段 5 个阶段，这是从听到说、从仿说到自发的一个过程，能够帮助儿童说出词语。需要注意的是，由于部分词语发音难度较高，训练时，儿童可能难以发出相应语音，部分孤独症儿童甚至完全没有语音，此时，词语训练的目标应以理解为主，等到了合适的时机再训练表达。

主题活动。这部分内容可以巩固儿童所学的词语，增加学习新词语的机会，拓展短语和句子，同时提升其分类、推理等认知能力，帮助儿童发展游戏技能等。如果儿童掌握了某个主题下的一半及以上的词语，那么就可以将这些词语组合在一起，进行关于该主题的游戏活动。每个主题含 3 个主题活动，这些活动仅是为您提供一些参考。在训练过程中，您可以根据儿童的能力和兴趣设计更多的游戏，让他们有大量的学习机会并体验到游戏的乐趣。您也不必完全按照书上的例子进行训练，例如"身体部位"主题，在边听儿歌《幸福拍手歌》边做动作的游戏中，您可以使用夸张的肢体动作，以便让儿童更好地跟随您的动作；"常见动词"主题，在"跳一跳"大运动中，可以加入单腿跳比赛，多一些互动让游戏更有趣；"水果"主题，在水果串珠玩具的游戏中，可以创造性地制造障碍，把儿童喜欢的水果玩具放到他打不开盖子的塑料容器里，等着他来找您帮忙等。总之，这些轻松愉快的游戏实际上是学习过程，在整个词语训练过程中非常重要。

训练延伸。这部分可以在训练室进行，也可以作为家居训练内容在家里完成。在训练中，应优先选择贴近儿童本人生活的内容，逐步延伸到多样的、变化的内容，让儿童真正将所学词语灵活运用于各种情境中，包括不同沟通对象、不同活动、不同场所等。每个主题的"训练延伸"部分都有2个例子。如"食物"主题，先请儿童说出他最爱吃的食物，再讨论哪些食物是圆的。在此基础上，您可以带儿童到超市选购食物，和儿童一起制作食物等。对儿童来说，这是一个实践和泛化的过程，建议您参考本书中的例子设计更丰富的训练延伸活动，为儿童创造大量的练习机会。

教学示范　　　　　词汇卡下载

目 录
contents

身体部位

1 目标词语

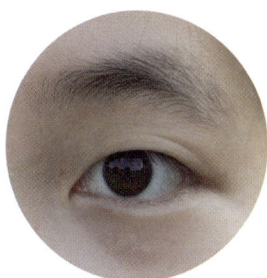
眼睛

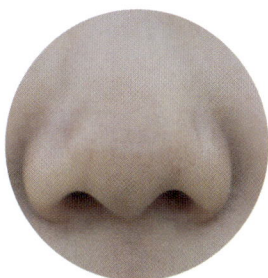
鼻子

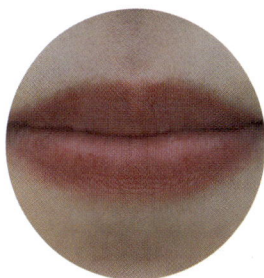
嘴巴

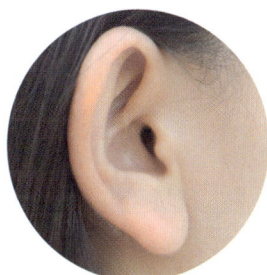
耳朵

头

脖子

手

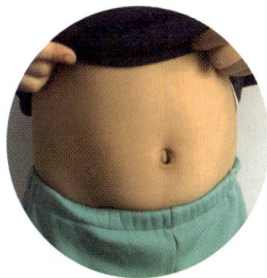
肚子

脚

腿

2 认识词语

　　首先，出示图片，告诉儿童：这是＿＿；然后，结合动作、借助实物、联系实际等，让儿童理解词语的意思。

（1）这是"头"。我们都有一个圆圆的头。

（2）这是"脖子"。扭扭脖子，扭扭屁股。

（3）这是"眼睛"。早上醒来，我们先睁开眼睛。

（4）这是"鼻子"。用鼻子闻闻，香吗？

（5）这是"嘴巴"。嘴巴可以吃东西，可以说话。

（6）这是"耳朵"。我们用耳朵听声音。

（7）这是"腿"。腿能够走路和奔跑。

（8）这是"脚"。鞋子要穿在脚上。

（9）这是"肚子"。吃饱后肚子又大又圆。

（10）这是"手"。吃饭前要洗手。

3 说出词语

　　以"耳朵"为例，画"＿＿＿＿"的地方由成人和儿童一起说出，画"＿＿＿"的地方由儿童说出。

- **步骤1：演示阶段**

这是耳朵。

- **步骤2：同时表达阶段**

让我们一起说出来，这是＿＿＿＿（耳朵）。

- **步骤3：辅助表达阶段**

这是耳＿＿（耳朵）。

（说出"耳"后停下来，请儿童完成后面的表达。）

- **步骤4：跟随式重复阶段**

耳朵，轮到你说了，＿＿（耳朵）。

请你自己说出来，这是 ＿＿＿（耳朵）。

4 主题活动

❶ 准备一面落地全身镜子，请儿童站在镜子前，成人说一些关于身体部位的词语，儿童在自己身上指出所听到的身体部位。可加入基本动词，如"摸鼻子""抓耳朵""拍拍手"等。根据儿童的实际情况设定其需要的反应时间。

❷ 成人画一幅不完整的人物画像，缺少1~2个身体部位，引导儿童说出缺什么，并请儿童补充完整。

❸ 播放儿歌《幸福拍手歌》："如果感到幸福你就拍拍手，如果感到幸福你就拍拍手，如果感到幸福就快快拍拍手呀，看哪，大家一起拍拍手……"请儿童一边听歌一边做动作。可根据需要改编儿歌，如"如果感到快乐你就拍拍头""如果感到生气你就嘬嘬嘴"等。

5 训练延伸

首先，示范1~2个情境下词语的应用，例如，一边给娃娃穿袜子，一边说："袜口打开，穿在脚上。"拿起一朵花，说："我用鼻子来闻，好香！"然后提供情境，请儿童自主应用。

（1）小朋友，早上起床后，需要完成哪些任务才能吃饭呢？

（2）"我用 ＿＿＿ 来 ＿＿＿。"

常见动词

跑

跳

推

切

坐

洗

举

擦

抱

吹

2 认识词语

　　首先，出示图片，告诉儿童：这是 ＿＿＿；然后，结合动作、借助实物、联系实际等，让儿童理解词语的意思。

（1）这是"跑"。昂昂跑得很快。

（2）这是"坐"。请坐，我们开始上课。

（3）这是"推"。把小椅子推过来。

（4）这是"跳"。丽丽在跳。

（5）这是"洗"。妈妈先洗苹果，再切苹果。

（6）这是"切"。妈妈先洗苹果，再切苹果。

（7）这是"抱"。你表现得真棒！老师抱一下。

（8）这是"擦"。小朋友，你会用抹布擦桌子吗？

（9）这是"吹"。小熊的生日蛋糕上有 5 根蜡烛，小熊一口气把它们吹灭了。

（10）这是"举"。小头爸爸把大头儿子举过头顶。

3 说出词语

　　以"跑"为例，画"＿＿＿＿"的地方由成人和儿童一起说出，画"＿＿＿"的地方由儿童说出。

- 步骤 1：演示阶段

这是跑。

- 步骤 2：同时表达阶段

让我们一起说出来，这是 ＿＿＿＿（跑）。

- 步骤 3：辅助表达阶段

这是 ＿＿＿＿（跑）。
（提示声母 p，或做合唇动作，引导儿童完成后面的表达。）

- 步骤 4：跟随式重复阶段

跑，轮到你说了，＿＿＿＿（跑）。

请你自己说出来，这是 ＿＿＿（跑）。

4 主题活动

❶ "跳一跳"大运动。在儿童和其喜欢的玩具中间设置障碍物（障碍物不要太高），请儿童跳过障碍物，跳到对面玩具处，拿到玩具后说出玩具的名称。这样可以训练儿童的基础跳跃能力，同时，训练儿童的词语理解与表达能力。

❷ 出示4~6张卡片，如"妈妈切苹果""妈妈切香蕉""妈妈洗苹果""妈妈吃香蕉"，成人说出目标短语，如"妈妈切香蕉"，请儿童选择正确的卡片。这样可以提高儿童的语言理解能力。

❸ "看动作猜词语"游戏。成人根据目标词语做相关动作，请儿童猜。如：成人双手握拳做跑步状，儿童说出"跑"；成人右手手掌与桌面成直角，然后做切菜的动作，儿童说出"切"。

5 训练延伸

首先，示范1~2个情境下词语的应用。例如，播放小朋友吹蜡烛的视频，说"他在吹"；一边拿抹布擦桌子，一边说"我会擦"等。然后提供情境，请儿童自主应用。

（1）"他在 ＿＿＿。"

（2）"我会 ＿＿＿。"

蔬菜

1 目标词语

蘑菇

黄瓜

洋葱

豆角

胡萝卜

辣椒

土豆

西红柿

大蒜

茄子

2 认识词语

首先，出示图片，告诉儿童：这是 ____；然后，结合动作、借助实物、联系实际等，让儿童理解词语的意思。

（1）这是"胡萝卜"。小兔子最爱吃胡萝卜。

（2）这是"西红柿"。西红柿红红的，吃起来酸酸甜甜。

（3）这是"土豆"。薯片是用土豆做的。

（4）这是"辣椒"。奶奶说做菜不要放辣椒，放了菜会辣。

（5）这是"蘑菇"。像一把小伞的蔬菜是蘑菇。

（6）这是"洋葱"。切洋葱的时候会流眼泪。

（7）这是"豆角"。猜谜语：细细长长是一条，剥开豆豆排排坐。是什么？

（8）这是"黄瓜"。黄瓜和西红柿，哪个是绿色的？

（9）这是"茄子"。茄子是紫色的，长长的，圆圆的。

（10）这是"大蒜"。高叔叔去超市买了几头大蒜。

3 说出词语

以"蘑菇"为例，画"_____"的地方由成人和儿童一起说出，画"___"的地方由儿童说出。

- 步骤 1：演示阶段
这是蘑菇。

- 步骤 2：同时表达阶段
让我们一起说出来，这是 _____（蘑菇）。

这是蘑 __（蘑菇）。

（说出"蘑"后停下来，请儿
童完成后面的表达。）

蘑菇，轮到你说了，____（蘑菇）。

请你自己说出来，这是 ____（蘑菇）。

4 主题活动

❶ 和儿童一起观看动画片《小猪佩奇》中的《午餐》一集，并
讨论。例如："佩奇和乔治到猪爷爷和猪奶奶的菜园参观，
里面有什么？""佩奇喜欢吃什么蔬菜？""你喜欢吃什么
蔬菜？"

❷ 让儿童自己挑选午饭要吃的蔬菜，并且帮助成人择菜、洗菜，
提高儿童的语言认知及动手能力。

❸ "种大蒜"活动。拿出装有泥土的罐子，手捏蒜头，尖头朝上，
将蒜头按进土里，然后浇上一点水。将种植好的大蒜放到太
阳能晒到的地方，每隔 1~2 天，指导儿童给大蒜浇一次水。
引导儿童观察并说出大蒜的生长情况。

5 训练延伸

首先，示范 1~2 个情境下词语的应用，例如，拿一根玉米，说："这
是玉米，是黄色的。"然后提供情境，请儿童自主应用。

（1）陪儿童去菜市场挑选蔬菜，请儿童回答"这是什么"。

（2）小朋友，说一说，这些蔬菜都是什么颜色的？

水果

桃子

石榴

葡萄

猕猴桃

西瓜

苹果

梨

橙子

草莓

香蕉

2 认识词语

　　首先，出示图片，告诉儿童：这是 ＿＿＿；然后，结合动作、借助实物、联系实际等，让儿童理解词语的意思。

（1）这是"苹果"。昂昂喜欢吃又大又红的苹果。

（2）这是"西瓜"。绿色外衣，红色果肉，它是西瓜。

（3）这是"草莓"。草莓酸酸甜甜的，真好吃！

（4）这是"桃子"。小猴子在树上摘桃子。

（5）这是"橙子"。我们用橙子榨汁吧！

（6）这是"猕猴桃"。奶油蛋糕上可以摆放切好的猕猴桃。

（7）这是"葡萄"。有紫色的，有绿色的，一串一串的，是葡萄。

（8）这是"香蕉"。猴子喜欢吃黄色的、弯弯的香蕉。

（9）这是"梨"。我有点咳嗽，妈妈用梨煮水给我喝。

（10）这是"石榴"。猜谜语：身穿红衣颜色美，龇牙开口又咧嘴，肚里珍珠数不清，粒粒珍珠甜蜜蜜。是什么？

3 说出词语

　　以"苹果"为例，画"＿＿＿＿"的地方由成人和儿童一起说出，画"＿＿＿"的地方由儿童说出。

- 步骤1：演示阶段

这是苹果。

- 步骤2：同时表达阶段

让我们一起说出来，这是 ＿＿＿＿（苹果）。

- 步骤3：辅助表达阶段

这是苹 ＿＿（苹果）。

（说出"苹"后停下来，请儿童完成后面的表达。）

■ 步骤4：跟随式重复阶段

苹果，轮到你说了，____（苹果）。

■ 步骤5：自主表达阶段

请你自己说出来，这是 ____（苹果）。

4 主题活动

❶ 准备一套水果串珠玩具，请儿童把喜欢吃的水果串起来。这样在学习水果的同时，还可以训练儿童的专注力和手指精细动作。

❷ 出示切开的水果的卡片，请儿童说出它们是哪些水果切开以后的样子。教儿童掌握水果的不同特征，完整的猕猴桃是猕猴桃，切开的猕猴桃也是猕猴桃等。

❸ 推理游戏"找规律"。设计几组有规律的句子，请儿童说出空白处应该是什么。如草莓、香蕉、草莓、香蕉、____、香蕉；西瓜、苹果、____、苹果、西瓜、____ 等。根据儿童的语言能力调整推理难度。

5 训练延伸

首先，示范1~2个情境下词语的应用，例如，拿出"西瓜"和"白菜"卡片，说"这是西瓜，它是水果""这是白菜，它是蔬菜"等；然后提供情境，请儿童自主应用。

（1）陪儿童去超市挑选水果，请儿童回答"这是什么"。

（2）小朋友，说一说，哪些是蔬菜，哪些是水果？

食物

1 目标词语

粥

包子

鸡蛋

汤圆

蛋糕

饺子

比萨

牛奶

面条

米饭

2 认识词语

首先，出示图片，告诉儿童：这是 ___ ；然后，结合动作、借助实物、联系实际等，让儿童理解词语的意思。

（1）这是"面条"。你会煮面条吗？

（2）这是"饺子"。我们一起包饺子。

（3）这是"米饭"。这是一碗香喷喷的米饭！

（4）这是"包子"。今天早晨我吃了包子。

（5）这是"汤圆"。元宵节要吃好吃的汤圆。

（6）这是"蛋糕"。过生日的时候要吃蛋糕。

（7）这是"牛奶"。喝牛奶补钙，小朋友长得强壮。

（8）这是"比萨"。昂昂说："比萨真好吃！"

（9）这是"鸡蛋"。妈妈去超市买鸡蛋。

（10）这是"粥"。阿姨往粥里放了很多红枣。

3 说出词语

以"鸡蛋"为例，画"_____"的地方由成人和儿童一起说出，画"___"的地方由儿童说出。

■ 步骤1：演示阶段

这是鸡蛋。

■ 步骤2：同时表达阶段

让我们一起说出来，这是_____（鸡蛋）。

■ 步骤3：辅助表达阶段

这是鸡__（鸡蛋）。

（说出"鸡"后停下来，请儿童完成后面的表达。）

■ 步骤4：跟随式重复阶段

鸡蛋，轮到你说了，_____（鸡蛋）。

■ 步骤5：自主表达阶段

请你自己说出来，这是 ____（鸡蛋）。

4 主题活动

❶ "形容词猜一猜"游戏。成人在心中先想好一种食物作为谜底，然后依据此食物的外形、口感和味道、什么人爱吃等依序给儿童提示。如"圆圆的，白色的，有很多整齐的褶儿，爸爸最爱吃"，请儿童猜食物。此游戏可培养儿童语言发展后期对形容词的理解和使用技能。

❷ 掷骰子游戏。准备一个骰子，设置游戏的起点和终点，将儿童最喜欢的食物图卡放在终点，和儿童进行掷骰子比赛，看谁先到达终点拿到图卡。可设置"后退1格""后退2格""前进2格"等内容。

❸ 揉面团。成人将和好的面分给儿童一块，引导儿童模仿成人的动作，双手拿着面团在案板上反复地揉，也可引导儿童将面团搓成圆球或压成饼状、与儿童一起包饺子等。此活动可锻炼儿童手部肌肉的灵活性。

5 训练延伸

首先，示范1~2个情境下词语的应用，例如，拿出"比萨"和"面条"的卡片，说"我最爱吃比萨""很多小宝宝都爱吃面条"等；然后提供情境，请儿童自主应用。

（1）"我最爱吃 ____。"

（2）小朋友，说一说，哪些食物是圆圆的？

颜色

紫色

白色

粉色

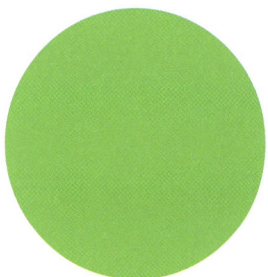
绿色

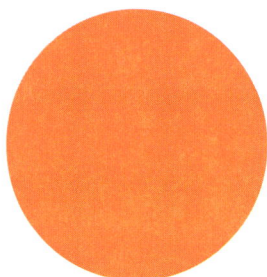
橙色

黑色

蓝色

灰色

黄色

红色

2 认识词语

首先，出示图片，告诉儿童：这是 ____；然后，结合动作、借助实物、联系实际等，让儿童理解词语的意思。

（1）这是"红色"。这个苹果是红色的。

（2）这是"橙色"。橘子是橙色的。

（3）这是"黄色"。秋天的柳树叶是黄色的。

（4）这是"绿色"。小草是绿色的。

（5）这是"蓝色"。天空是蓝色的。

（6）这是"紫色"。葡萄是紫色的。

（7）这是"黑色"。墨水是黑色的。

（8）这是"白色"。雪花是白色的。

（9）这是"粉色"。桃花是粉色的。

（10）这是"灰色"。大象的身体是灰色的。

3 说出词语

以"粉色"为例，画"_____"的地方由成人和儿童一起说出，画"____"的地方由儿童说出。

■ 步骤1：演示阶段

这是粉色。

■ 步骤2：同时表达阶段

让我们一起说出来，这是 ____（粉色）。

■ 步骤3：辅助表达阶段

这是粉 ____（粉色）。

（说出"粉"后停下来，请儿童完成后面的表达）

■ 步骤4：跟随式重复阶段

粉色，轮到你说了，____（粉色）。

请你自己说出来，这是 ____（粉色）。

4 主题活动

❶ 询问儿童生活中常见的物体分别是什么颜色的，如电视机、墙、玉米、胡萝卜等；或者说出某种颜色，让儿童寻找这个颜色的事物，如黄色，找到教室里黄色的向日葵墙纸、黄色的蜡笔、黄色的小汽车等。

❷ 涂色游戏。给出图片，让儿童涂上指定的颜色，如葡萄（紫色）、小鸭子（黄色）、苹果（红色）等；也可提高难度，让儿童给同一张图片涂多种颜色，如奶牛（白色的身体，黑色的斑点）；或让儿童发挥想象力，随意涂色。

❸ 放 2~3 堆颜色不同的物品，如一堆红色的积木、一堆蓝色的积木、一堆黄色的积木，然后让儿童把另外一些红色、蓝色和黄色的积木分别放到颜色匹配的积木堆里。

5 训练延伸

首先，示范 1~2 个情境下词语的应用，例如，指着"红色"的卡片说"这是红色"，指着黄色的衣服说"这是黄色，是我最喜欢的颜色"等；然后提供情境，请儿童自主应用。

（1）小朋友，说一说，你的衣服是什么颜色的？

（2）"我最喜欢的颜色是 ____。"

形状

弧形

菱形

扇形

正方形

三角形

椭圆形

长方形

圆形

心形

五边形

2 认识词语

　　首先，出示图片，告诉儿童：这是 ＿＿＿；然后，结合动作、借助实物、联系实际等，让儿童理解词语的意思。

（1）这是"三角形"。三角形有三条边和三个角。

（2）这是"圆形"。太阳是圆形的。

（3）这是"椭圆形"。鸡蛋是椭圆形的。

（4）这是"正方形"。这张卡片是正方形的。

（5）这是"长方形"。床是长方形的。

（6）这是"心形"。让我们一起画个心形吧。

（7）这是"弧形"。小朋友们围成一个弧形上课。

（8）这是"菱形"。将这些点连起来，就成了菱形。

（9）这是"五边形"。1、2、3、4、5，这是一个五边形。

（10）这是"扇形"。折扇打开后是扇形的。

3 说出词语

　　以"三角形"为例，画"＿＿＿＿"的地方由成人和儿童一起说出，画"＿＿＿"的地方由儿童说出。

■ 步骤1：演示阶段

这是三角形。

■ 步骤2：同时表达阶段

让我们一起说出来，这是 ＿＿＿＿（三角形）。

■ 步骤3：辅助表达阶段

这是三 ＿＿＿（三角形）。

（说出"三"后停下来，请儿童完成后面的表达。）

■ 步骤4：跟随式重复阶段

三角形，轮到你说了，＿＿＿＿＿＿（三角形）。

请你自己说出来，这是 _____（三角形）。

④ 主题活动

❶ 准备一套各种形状的磁力片，成人和儿童一起用磁力片拼球、房子等。这个游戏可训练儿童对形状的概念及其手眼协调能力、专注力等。也可让儿童自由发挥，用基础形状拼出更多精彩造型，从而锻炼儿童的创新能力。

❷ 准备一套七巧板，请儿童拼出各种图形，如三角形、平行四边形等，也可以拼成人物、动物、桥、塔等。七巧板游戏可训练儿童的形状概念、视觉分辨能力、手眼协调能力、思考创造能力等。

❸ 观察事物的形状。请儿童观察物体的轮廓，说说是什么形状，如汽车的车轮、电视机、窗户等。

⑤ 训练延伸

首先，示范1~2个情境下词语的应用，例如，指着教室的桌子说"这个桌子是长方形的"，一边画圆一边说"我画的是圆形"；然后提供情境，请儿童自主应用。

（1）小朋友，请在教室里找一找，哪些东西是正方形的，哪些是长方形的，哪些是圆形的。

（2）边画边说："我画了一个 ____。"

衣物

长裤

高跟鞋

背心

拖鞋

泳衣

围巾

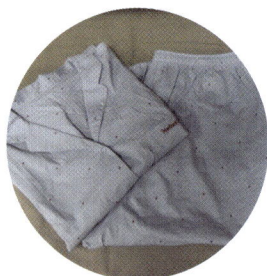

睡衣

衬衫

帽子

袜子

裙子

外套

２ 认识词语

首先，出示图片，告诉儿童：这是 ＿＿＿；然后，结合动作、借助实物、联系实际等，让儿童理解词语的意思。

（1）这是"外套"。外面有点凉，出门要穿一件外套。

（2）这是"睡衣"。昂昂睡觉的时候穿着睡衣。

（3）这是"裙子"。夏天来了，女生穿上了漂亮的裙子。

（4）这是"袜子"。穿鞋之前先穿袜子。

（5）这是"帽子""围巾"。下雪了！出门要戴帽子和围巾。

（6）这是"高跟鞋"。妈妈上班的时候穿高跟鞋。

（7）这是"泳衣"。游泳的时候要穿泳衣。

（8）这是"衬衫""长裤"。爸爸去上班的时候穿衬衫和长裤。

（9）这是"拖鞋"。回到家要换上拖鞋。

（10）这是"背心"。没有袖子的上衣是背心。

３ 说出词语

以"衬衫"为例，画"＿＿＿＿"的地方由成人和儿童一起说出，画"＿＿＿"的地方由儿童说出。

- -

■ 步骤 1：演示阶段

这是衬衫。

■ 步骤 2：同时表达阶段

让我们一起说出来，这是 ＿＿＿＿（衬衫）。

- -

■ 步骤 3：辅助表达阶段

这是衬 ＿＿（衬衫）。

（说出"衬"后停下来，请儿童完成后面的表达。）

■ 步骤 4：跟随式重复阶段

衬衫，轮到你说了，＿＿＿＿（衬衫）。

- -

请你自己说出来，这是＿＿＿（衬衫）。

4 主题活动

① 成人打开衣柜收拾衣物，让儿童参与进来，一起给衣物分类。可将儿童和成人的衣物分开，将上衣、裤子、袜子分开，也可将夏天的衣物和冬天的衣物分开。

② "帽子迷宫"游戏。画一顶大帽子，给儿童准备一支笔，请儿童用笔从帽顶开始前进，直到从帽檐走出帽子迷宫。迷宫的难度根据儿童的实际情况调整。最后请儿童用画笔把这顶帽子涂成他喜欢的颜色。

③ "鞋子配对"游戏。准备不同鞋子的图卡，请儿童将图卡中的鞋子与鞋柜中的鞋子对应起来，并将图卡放在对应的鞋子旁边，如高跟鞋图卡对应鞋柜中的高跟鞋、拖鞋图卡对应鞋柜中的拖鞋等。

5 训练延伸

首先，示范1~2个情境下词语的应用，例如，指着自己的裙子，说："看，我穿着裙子来上课。"告诉儿童："我家的鞋柜里有拖鞋，也有高跟鞋。"然后提供情境，请儿童自主应用。

（1）"我家的衣柜里有＿＿＿。"

（2）"我穿着＿＿＿去＿＿＿。"

数字

1 目标词语

1

2

3

4

5

6

7

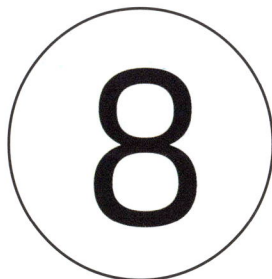

8

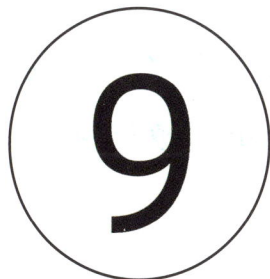

9

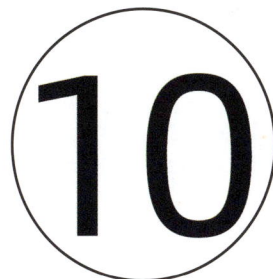

10

2 认识词语

首先，出示图片，告诉儿童：这是 ___；然后，结合动作、借助实物、联系实际等，让儿童理解词语的意思。

（1）这是数字"1"。1像铅笔直又长。

（2）这是数字"2"。小兔子有2只长耳朵。

（3）这是数字"3"。小猴子有1辆大汽车和2辆小汽车，它一共有3辆汽车。

（4）这是数字"4"。一辆小汽车有4个车轮。

（5）这是数字"5"。一只手有5根手指。

（6）这是数字"6"。6像哨子吹一吹。

（7）这是数字"7"。你拍7，我拍7，7个小孩滑滑梯。

（8）这是数字"8"。8像两个圆环连在一起。

（9）这是数字"9"。盘子里有10个苹果，宝宝吃掉1个，还有9个。

（10）这是数字"10"。你拍10，我拍10，10个小孩站得直。

3 说出词语

以"5"为例，画"_____"的地方由成人和儿童一起说出，画"___"的地方由儿童说出。

- 步骤1：演示阶段

这是5。

- 步骤2：同时表达阶段

让我们一起说出来，这是_____（5）。

- 步骤3：辅助表达阶段

这是 __（5）。

（嘴唇撮圆，引导儿童完成后面的表达。）

■ 步骤4：跟随式重复阶段

5，轮到你说了，＿＿（5）。

- -

■ 步骤5：自主表达阶段

请你自己说出来，这是＿＿＿（5）。

- -

4 主题活动

❶ 学写数字1~10。一边写一边教儿童："1像铅笔直又长，2像鸭子水中游，3像耳朵两道弯，4像小旗随风飘，5像钩子枝上挂，6像口哨吹一吹，7像镰刀割青草，8像葫芦扭扭腰，9像勺子能吃饭，10像大饼和油条。"让儿童也试着写一写。

❷ 出示水果挂图或积木、糖果等实物，请儿童手口一致地点数，1、2、3……培养儿童数的概念。然后让儿童按指定数字拿物件，将物件放在桌上对应的数字下面，重复几次。以上内容通过后，可教儿童简单的加减运算。

❸ 看图说话。如小兔子、小熊、小猴子、小象等动物赛跑，小兔子第一名，小熊第二名，小猴子第三名……再如，展示一幢高楼的图片，请儿童说出哪几层的灯亮着等。这样做可以培养儿童的序数概念。

5 训练延伸

首先，示范1~2个情境下词语的应用，例如，边写边说"这是5"等；然后提供情境，请儿童自主应用。

（1）"这是＿＿＿。"

（2）"我会写＿＿＿。"

家庭成员

爷爷

奶奶

妈妈

爸爸

姐姐

哥哥

弟弟

妹妹

---

① 因版权问题，本书中有些图片未选实物图片。家长或老师可选择实物图片展示，以获得更好的效果。

2 认识词语

　　首先，出示图片，告诉儿童：这是 ＿＿＿；然后，结合动作、借助实物、联系实际等，让儿童理解词语的意思。

（1）这是"爸爸"。爸爸下班回家啦。

（2）这是"妈妈"。今天妈妈接我。

（3）这是"爷爷"。爸爸的爸爸叫爷爷。

（4）这是"奶奶"。爸爸的妈妈叫奶奶。

（5）这是"哥哥"。这个小男孩是我的哥哥，他比我高。

（6）这是"姐姐"。扎着小辫、正在看书的是姐姐。

（7）这是"弟弟"。依依的弟弟很可爱。

（8）这是"妹妹"。丽丽喜欢陪妹妹玩。

（9）这是"爷爷"。昂昂说："今天让爷爷讲故事。"

（10）这是"奶奶"。奶奶戴着老花镜。

3 说出词语

　　以"爷爷"为例，画"＿＿＿＿"的地方由成人和儿童一起说出，画"＿＿＿"的地方由儿童说出。

■ 步骤 1：演示阶段

这是爷爷。

■ 步骤 2：同时表达阶段

让我们一起说出来，这是 ＿＿＿＿（爷爷）。

■ 步骤 3：辅助表达阶段

这是爷 ＿＿（爷爷）。

（说出第一个"爷"后停下来，请儿童完成后面的表达。）

■ 步骤 4：跟随式重复阶段

爷爷，轮到你说了，＿＿＿＿（爷爷）。

请你自己说出来，这是 ＿＿＿（爷爷）。

4 主题活动

① 看图说话,《幸福的一家人》。准备一张全家福的图画或照片，请儿童讲关于家庭的故事。此活动可在提高儿童语言与认知能力的同时，帮助语言障碍儿童，尤其是孤独症儿童重建其与家人的安全依恋关系。

② 学唱儿歌《幸福的一家》："我是爸爸妈妈心中的宝贝，一天一天在长大，……像爸爸、像妈妈爱我一样地爱他们和我的家。"

③ 阅读暖心绘本《我去外婆家》等，让儿童明白隔代亲情，教儿童爱自己的家人。

5 训练延伸

首先，示范1~2个情境下词语的应用，例如，"我喜欢和姐姐玩，因为她给我买糖吃。"拿一张全家福，介绍："这是我的爸爸，这是我的妈妈。"然后提供情境，请儿童自主应用。

（1）"让我来介绍一下我的家人，这是 ＿＿＿。"

（2）"我喜欢和 ＿＿＿ 玩，因为 ＿＿＿。"

动物

1 目标词语

斑马

大象

孔雀

熊猫

猴子

老虎

羊

长颈鹿

马

骆驼

2 认识词语

首先，出示图片，告诉儿童：这是 ____；然后，结合动作、借助实物、联系实际等，让儿童理解词语的意思。

（1）这是"孔雀"。孔雀的尾巴能像扇子一样打开。

（2）这是"长颈鹿"。长颈鹿的脖子又细又长。

（3）这是"马"。很多蒙古族的小朋友擅长骑马。

（4）这是"猴子"。你听过《猴子捞月》的故事吗？

（5）这是"骆驼"。骆驼生活在沙漠中，背上有两座"小山"。

（6）这是"熊猫"。熊猫是我国的国宝。

（7）这是"斑马"。斑马身上有黑白相间的条纹。

（8）这是"大象"。大象的鼻子长长的。

（9）这是"羊"。小羊咩咩叫。

（10）这是"老虎"。老虎很凶猛。

3 说出词语

以"大象"为例，画"_____"的地方由成人和儿童一起说出，画"____"的地方由儿童说出。

■ 步骤 1：演示阶段

这是大象。

■ 步骤 2：同时表达阶段

让我们一起说出来，这是 ____（大象）。

■ 步骤 3：辅助表达阶段

这是大 __（大象）。

（说出"大"后停下来，请儿童完成后面的表达。）

■ 步骤 4：跟随式重复阶段

大象，轮到你说了，____（大象）。

请你自己说出来，这是 ____（大象）。

4 主题活动

❶ "帮动物找影子"游戏。小动物的影子都丢了，请儿童帮它们找到自己的影子，将动物的图片与它们的剪影图片配对。

❷ "看背影找动物"游戏。准备一些动物的背影图片，请儿童找到相应的动物的正面图片，进行配对。

❸ 数的游戏。画一个动物园，把动物图片分别贴在1~6号房间，如2只老虎在1号房间，1只长颈鹿在2号房间，3只羊在3号房间等，请儿童说出6个房间里分别住了几只什么动物，并将相应的数字贴到动物旁边。

❹ 学习儿歌《去动物园》："过桥转个弯，去逛动物园。大象鼻子长，小鹿尾巴短……"

5 训练延伸

首先，示范1~2个情境下词语的应用，例如，"动物园里有老虎、大象、熊猫……"；然后提供情境，请儿童自主应用。

（1）"我去动物园，看到了 ____。"

（2）小朋友，说一说，猴子和老虎哪里不一样？

水中的动物

1 目标词语

鲨鱼

螃蟹

鱼

水母

海星

章鱼

海豚

2 认识词语

首先，出示图片，告诉儿童：这是 ___；然后，结合动作、借助实物、联系实际等，让儿童理解词语的意思。

（1）这是"海星"。海星的表面有许多突起。

（2）这是"章鱼"。章鱼生活在水下，水温不能低于7℃。

（3）这是"海星"。海星像五角星。

（4）这是"章鱼"。章鱼有好多条手臂呀。

（5）这是"海豚"。丽丽非常喜欢海豚。

（6）这是"鱼"。快看！游过来一条鱼。

（7）这是"鲨鱼"。鲨鱼是海洋中最凶猛的鱼类。

（8）这是"水母"。水母的身体像一把伞，真漂亮！

（9）这是"螃蟹"。昂昂说："好想吃螃蟹啊。"

（10）这是"鱼"。我最爱吃妈妈炖的鱼。

3 说出词语

以"章鱼"为例，画"_____"的地方由成人和儿童一起说出，画"___"的地方由儿童说出。

■ 步骤1：演示阶段

这是章鱼。

■ 步骤2：同时表达阶段

让我们一起说出来，这是_____（章鱼）。

■ 步骤3：辅助表达阶段

这是章 __（章鱼）。

（说出"章"后停下来，请儿童完成后面的表达。）

■ 步骤4：跟随式重复阶段

章鱼，轮到你说了，___（章鱼）。

请你自己说出来，这是 ＿＿＿（章鱼）。

4 主题活动

❶ 拼图，如《邦臣小红花·宝宝的第一套拼图游戏（礼盒装）》中的章鱼、螃蟹、海豚拼图等。

❷ 贴纸小游戏"谁会游泳"。给出一些图片，如小鸟、鱼、老虎、海豚、章鱼等，请儿童在会游泳的动物旁边贴一个小鱼贴纸。

❸ 推理游戏"找规律"。设计几组有规律的词语，请儿童说出空白处应该是什么。如：乌贼、章鱼、乌贼、章鱼、＿＿＿、章鱼；海星、鲨鱼、＿＿＿、鲨鱼、海星、＿＿＿；蝌蚪、海星、＿＿＿、蝌蚪、海星、海豚、＿＿＿、＿＿＿、海豚。

5 训练延伸

首先，示范1~2个情境下词语的应用，例如，"我认识海豹""我喜欢海豚"等；然后提供情境，请儿童自主应用。

（1）小朋友，请介绍一下水中有哪些动物。

（2）"我喜欢＿＿＿，因为＿＿＿。"

昆虫

1 目标词语

蝴蝶

蚂蚁

毛毛虫

蜘蛛

瓢虫

蜜蜂

萤火虫

蚊子

螳螂

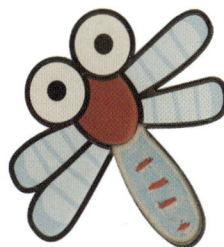

蜻蜓

2 认识词语

首先，出示图片，告诉儿童：这是 ____ ；然后，结合动作、借助实物、联系实际等，让儿童理解词语的意思。

（1）这是"蝴蝶"。花丛中飞舞着美丽的蝴蝶。

（2）这是"蜻蜓"。小花猫一会儿抓蝴蝶，一会儿抓蜻蜓，结果，一条鱼也没有钓到。

（3）这是"蜜蜂"。嗡嗡嗡，蜜蜂来采蜜了。

（4）这是"螳螂"。螳螂是益虫。

（5）这是"蚊子"。涂驱蚊水可以防止蚊子叮咬我们。

（6）这是"毛毛虫"。明明说："这条毛毛虫好吓人啊！"

（7）这是"蚂蚁"。蚂蚁搬家，燕子低飞，说明要下雨了。

（8）这是"瓢虫"。这里有一只可爱的小瓢虫。

（9）这是"蜘蛛"。妈妈害怕蜘蛛。

（10）这是"萤火虫"。萤火虫主要在夜间活动，可以发光。

3 说出词语

以"蝴蝶"为例，画"_____"的地方由成人和儿童一起说出，画"___"的地方由儿童说出。

- 步骤 1：演示阶段

这是蝴蝶。

- 步骤 2：同时表达阶段

让我们一起说出来，这是 _____ （蝴蝶）。

- 步骤 3：辅助表达阶段

这是蝴 ___ （蝴蝶）。

（说出"蝴"后停下来，请儿童完成后面的表达。）

■ 步骤 4：跟随式重复阶段

蝴蝶，轮到你说了，＿＿＿（蝴蝶）。

■ 步骤 5：自主表达阶段

请你自己说出来，这是 ＿＿＿（蝴蝶）。

4 主题活动

❶ 出示一张图，图上有许多昆虫，也有一些不是昆虫（如老虎、大象等动物，小花、小草等植物）的干扰项。请儿童将昆虫全部找出来，画〇。这个活动可以提高儿童的分类能力和观察力。

❷ 学习儿歌《什么虫儿空中飞》："什么虫儿空中飞？什么虫儿树上叫？……蜻蜓空中飞，知了树上叫……"

❸ 陪儿童一起观看动画片《熊熊乐园之代课老师》，猫头鹰老师和大黑熊老师临时有事要出去一下，于是请了山羊爷爷做代课老师。山羊爷爷讲自然学……引导儿童讲述"蚂蚁搬家，燕子低飞，说明要下雨了"等知识。

5 训练延伸

首先，示范 1~2 个情境下词语的应用。例如，到户外找一只蜗牛，告诉儿童"这是蜗牛，它爬得好慢"；找一只蜘蛛，说"蜘蛛会吐丝结网"等。然后提供情境，请儿童自主应用。

（1）"这是 ＿＿＿。"

（2）小朋友，请说出 2~3 种昆虫的主要特征。

交通工具

1 目标词语

飞机

小汽车

公共汽车

警车

自行车

火车

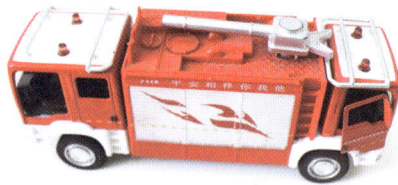

消防车

跑车

垃圾车

卡车

2 认识词语

首先，出示图片，告诉儿童：这是 ＿＿＿；然后，结合动作、借助实物、联系实际等，让儿童理解词语的意思。

（1）这是"自行车"。骑自行车出行绿色环保还可以健身。

（2）这是"公共汽车"。我们可以乘坐1路公共汽车去公园。

（3）这是"小汽车"。这是一辆蓝色的小汽车。

（4）这是"警车"。警察叔叔开警车抓坏蛋。

（5）这是"跑车"。跑车的速度好快呀！

（6）这是"飞机"。依依坐飞机去了英国。

（7）这是"卡车"。卡车可以用来运输货物。

（8）这是"火车"。一列长长的火车在铁轨上前进。

（9）这是"垃圾车"。回收垃圾的车是垃圾车。

（10）这是"消防车"。消防车出动了，哪里着火了？

3 说出词语

以"消防车"为例，画"＿＿＿＿"的地方由成人和儿童一起说出，画"＿＿＿"的地方由儿童说出。

- 步骤1：演示阶段

这是消防车。

- 步骤2：同时表达阶段

让我们一起说出来，这是 ＿＿＿＿（消防车）。

- 步骤3：辅助表达阶段

这是消 ＿＿＿（消防车）。
（说出"消"后停下来，请儿童完成后面的表达。）

- 步骤4：跟随式重复阶段

消防车，轮到你说了，＿＿＿（消防车）。

请你自己说出来，这是 _____ （消防车）。

4 主题活动

① 准备一套交通工具镶嵌板，请儿童将相应的交通工具放到镶嵌板中。此活动可训练儿童的手部精细动作和注意力、观察力。

② "连连看"游戏。给出一些交通工具，再给出不同职业的人，请儿童用直线将交通工具与相关的人连起来，例如：货车——装卸工，警车——警察，消防车——消防员等。

③ 日常出行时，看到交通工具可以问儿童"这是什么？"并请儿童回答。可自编儿歌，例如："你看那里有个出租车，你看那里有个出租车，出租车嘀嘀，出租车嘀嘀，等呀等等我，我要坐出租车带宝贝去公园。你看那里有个消防车……"（参考曲调：《小鸡哔哔》）

5 训练延伸

首先，示范1~2个情境下词语的应用，例如，观看灭火短视频，告诉儿童"灭火要开消防车"等；然后提供情境，请儿童自主应用。

（1）小朋友，说一说，在紧急情况下使用的交通工具有哪些？

（2）小朋友，火车、摩托车和自行车哪个跑得快，哪个跑得慢？

玩具

1 目标词语

小汽车

变形金刚

拨浪鼓

彩泥

芭比娃娃

弹珠

玩具枪

积木

气球

泡泡棒

2 认识词语

首先，出示图片，告诉儿童：这是 ____；然后，结合动作、借助实物、联系实际等，让儿童理解词语的意思。

（1）这是"拨浪鼓"。有一首歌这样唱："拨浪鼓，脸蛋圆，好像是胖妞妞戴耳环。"

（2）这是"泡泡棒"。用泡泡棒可以吹出许多七彩的小泡泡。

（3）这是"小汽车"。"嘀嘀！"小汽车来了。

（4）这是"积木"。我们用积木搭房子吧。

（5）这是"玩具枪"。男孩子喜欢玩玩具枪，瞄准，射击！

（6）这是"芭比娃娃"。丽丽新买了芭比娃娃。

（7）这是"彩泥"。妈妈用彩泥捏了一只小兔子。

（8）这是"气球"。我们来吹一些气球，把房间装饰得更漂亮。

（9）这是"弹珠"。这些圆圆的玻璃球是弹珠。

（10）这是"变形金刚"。变形金刚可以变身。

3 说出词语

以"气球"为例，画"_____"的地方由成人和儿童一起说出，画"___"的地方由儿童说出。

- 步骤1：演示阶段
这是气球。

- 步骤2：同时表达阶段
让我们一起说出来，这是 ____（气球）。

- 步骤3：辅助表达阶段
这是气 __（气球）。
（说出"气"后停下来，请儿童完成后面的表达。）

- 步骤4：跟随式重复阶段
气球，轮到你说了，____（气球）。

请你自己说出来，这是 ＿＿＿（气球）。

4 主题活动

❶ "吹泡泡" 游戏。往碗里倒一些泡泡水，用一支吸管吹很多泡泡。可根据儿童的实际情况确定游戏难度，比如可用两支吸管连在一起吹泡泡。这个游戏可以改善儿童的言语呼吸功能。

❷ 和儿童一起用彩泥捏出不同的造型，如制作"豌豆"：用绿色的彩泥搓一个长条，压扁，当作豌豆皮；用黄色的彩泥搓3~4个小圆球，当作豌豆；将"豌豆"放到"豌豆皮"中，包起来即可。此游戏可以训练儿童的手部精细动作。

❸ "少了什么玩具" 游戏。出示一个玩具架，请儿童仔细观察并记住玩具的摆放位置，然后成人蒙住儿童的眼睛，并拿走一个玩具，请儿童说出少了什么玩具。此游戏可以提高儿童的记忆力和观察力。

5 训练延伸

首先，示范 1~2 个情境下词语的应用，例如，"我最喜欢的玩具是小汽车""我们是好朋友，把气球送给你吧"等；然后提供情境，请儿童自主应用。

（1）"我最喜欢的玩具是 ＿＿＿。"

（2）"我把 ＿＿＿ 送给好朋友。"

职业

1 目标词语

歌唱家

工程师

工人

宇航员

厨师

画家

邮递员

农民

老师

警察

2 认识词语

首先，出示图片，告诉儿童：这是 ___；然后，结合动作、借助实物、联系实际等，让儿童理解词语的意思。

（1）这是"老师"。老师给学生上课，教学生知识。

（2）这是"歌唱家"。昂昂在学唱歌，他长大想当歌唱家。

（3）这是"警察"。警察开警车，抓小偷。

（4）这是"工程师"。这栋大楼是工程师设计的。

（5）这是"工人"。环卫工人负责清扫垃圾。

（6）这是"农民"。我们吃的粮食是农民辛辛苦苦种的。

（7）这是"厨师"。这位厨师做饭真好吃！

（8）这是"邮递员"。邮递员把远方的信件送到我们家。

（9）这是"宇航员"。宇航员乘坐宇宙飞船去外太空旅游。

（10）这是"画家"。画家用笔画出美丽的图画。

3 说出词语

以"警察"为例，画"____"的地方由成人和儿童一起说出，画"___"的地方由儿童说出。

■ 步骤1：演示阶段

这是警察。

■ 步骤2：同时表达阶段

让我们一起说出来，这是 _____（警察）。

■ 步骤3：辅助表达阶段

这是警 __（警察）。

（说出"警"后停下来，请儿童完成后面的表达。）

■ 步骤4：跟随式重复阶段

警察，轮到你说了，____（警察）。

■ 步骤5：自主表达阶段

请你自己说出来，这是 ＿＿＿（警察）。

4 主题活动

❶ 观察图片并连线。请儿童将场景图片和人物职业图片对应并连线，如：将房子着火图片与消防员图片连起来、看病图片与医生图片连起来、教室图片与老师图片连起来等。

❷ "我来做动作，你来猜词语"游戏。成人做一些动作，请儿童根据动作猜词语，如敬礼（警察）、跳舞（舞蹈家）、画画（画家）、打针（医生／护士）、唱歌（歌唱家）等。

❸ "我当小演员"游戏。请儿童当小演员，表演唱歌、跳舞、背诵儿歌等，在儿童表演之后表扬他。成人可以和儿童一起表演，不用特别正式，可以在家里，家长和儿童一起表演。此游戏在训练儿童语言能力的同时，还可以提升其社会交往能力。

5 训练延伸

首先，示范1~2个情境下词语的应用，例如，就职业问题与儿童展开对话，"我想当医生，你想当什么？"等；然后提供情境，请儿童自主应用。

（1）"我的爸爸／妈妈是 ＿＿＿。"

（2）"我长大想当 ＿＿＿。"

家具

1 目标词语

餐桌

茶几

电视柜

椅子

床

沙发

衣柜

鞋柜

梳妆台

书柜

2 认识词语

首先，出示图片，告诉儿童：这是 ____；然后，结合动作、借助实物、联系实际等，让儿童理解词语的意思。

（1）这是"沙发"。客人来了，要请客人坐到沙发上。

（2）这是"茶几"。茶几上摆了很多水果。

（3）这是"梳妆台"。妈妈的化妆品要摆到梳妆台上。

（4）这是"餐桌"。中午，我们一家人坐到餐桌旁吃饭。

（5）这是"鞋柜"。爸爸下班回到家，从鞋柜里拿出拖鞋。

（6）这是"床"。很晚了，我们要上床睡觉了。

（7）这是"衣柜"。不穿的衣服要洗干净放在衣柜里。

（8）这是"书柜"。妈妈把书整整齐齐地放在书柜里。

（9）这是"椅子"。昂昂搬不动那把椅子，它太重了。

（10）这是"电视柜"。我家新买了一个电视柜。

3 说出词语

以"衣柜"为例，画"_____"的地方由成人和儿童一起说出，画"____"的地方由儿童说出。

■ 步骤1：演示阶段

这是衣柜。

■ 步骤2：同时表达阶段

让我们一起说出来，这是 ____（衣柜）。

■ 步骤3：辅助表达阶段

这是衣 __（衣柜）。

（说出"衣"后停下来，请儿童完成后面的表达。）

■ 步骤4：跟随式重复阶段

衣柜，轮到你说了，____（衣柜）。

请你自己说出来，这是 ＿＿＿（衣柜）。

4 主题活动

① 展示1~3张家具卡片，儿童说出正确的家具名称后，成人把卡片翻过去，背面朝向儿童，请儿童回答刚才看到的是什么。此项活动可以训练儿童的观察力和记忆力。可设置1~2个非家具干扰项以增加难度。

② 假想游戏。准备家具套装玩具，"小动物们"来做客，请"客人"坐到"沙发"上，洗一些"水果"放在"茶几"上，陪"客人"聊天、看"电视"等。此游戏可训练儿童的社交能力、语言表达能力和分析问题的能力等。

③ 将儿童喜欢的物品放在他够不到的地方，如书柜上、床底下等，观察儿童的反应，引导、辅助儿童拿到物品，如让儿童踩到小椅子上或找一根长棍去够物品，提高儿童解决问题的能力。

5 训练延伸

首先，示范1~2个情境下词语的应用，例如，"客厅有沙发""书房有书柜"等；然后提供情境，请儿童自主应用。

（1）"客厅有 ＿＿＿。"

（2）"书房有 ＿＿＿。"

家用电器

1 目标词语

冰箱

吹风机

电饭煲

饮水机

洗衣机

电风扇

吸尘器

空调

烤箱

电视机

2 认识词语

首先，出示图片，告诉儿童：这是 ____；然后，结合动作、借助实物、联系实际等，让儿童理解词语的意思。

（1）这是"冰箱"。妈妈把吃剩下的面包放进了冰箱。

（2）这是"空调"。感觉冷或热的时候可以用空调调节温度。

（3）这是"洗衣机"。小红把要洗的衣服放进了洗衣机。

（4）这是"电视机"。爷爷每天晚上都会打开电视机看《新闻联播》。

（5）这是"饮水机"。渴了就去接点水喝，饮水机在墙角。

（6）这是"吹风机"。洗完头发可以用吹风机把头发吹干。

（7）这是"吸尘器"。吸尘器可以把地上的灰尘吸走。

（8）这是"电风扇"。太热了，打开电风扇吹吹风吧。

（9）这是"电饭煲"。妈妈用电饭煲焖米饭。

（10）这是"烤箱"。我会用烤箱烤面包。

3 说出词语

以"电视机"为例，画"____"的地方由成人和儿童一起说出，画"____"的地方由儿童说出。

- 步骤1：演示阶段。

这是电视机。

- 步骤2：同时表达阶段

让我们一起说出来，这是 ____（电视机）。

- 步骤3：辅助表达阶段

这是电 ____（电视机）。

（说出"电"后停下来，请儿童完成后面的表达。）

- 步骤4：跟随式重复阶段

电视机，轮到你说了，_____（电视机）。

请你自己说出来，这是＿＿＿＿＿＿（电视机）。

4 主题活动

❶ "听指令，做动作"游戏。给儿童电视机或空调的遥控器，请他将电视机或空调打开；给儿童一个纸杯，请他按下饮水机的按钮，接水并端回来等（注意安全，小心烫手）。

❷ "家用电器大发现"游戏。展示一张画面丰富的"家"的图卡，图卡里有很多家用电器，如空调、冰箱、洗衣机、电视机等，请儿童按要求依次找出这些电器。可做集体练习，找得最快最多的儿童给予最高奖励。

❸ 在网上搜索儿童小游戏《神奇的家电》，在线玩即可。练习部分，根据提示完成活动，如看电视，点击页面中的遥控器来调节音量、换台等；测试部分，点击页面，选择正确的物品或操作步骤。借助儿童对电脑、手机等电子产品的喜爱，帮助其提高词语的理解和运用能力。

5 训练延伸

首先，示范1~2个情境下词语的应用，例如，"屋子里有空调、饮水机""妈妈每天用洗衣机洗衣服"等；然后提供情境，请儿童自主应用。

（1）"在教室里，我看见了＿＿＿＿。"

（2）小朋友，你知道哪些家用电器，它们分别有什么用途？

家用物品

家用物品 /55/

1 目标词语

保温桶

保鲜膜

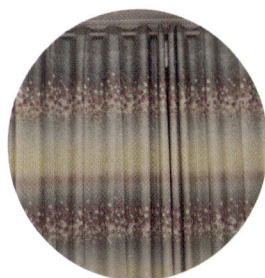

窗帘

拖把

花瓶

垃圾桶

水杯

扫帚

抹布

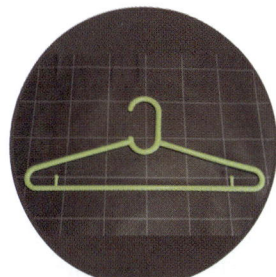

晾衣架

2 认识词语

　　首先，出示图片，告诉儿童：这是 ＿＿＿；然后，结合动作、借助实物、联系实际等，让儿童理解词语的意思。

（1）这是"扫帚"。老师让我用扫帚来扫地。

（2）这是"垃圾桶"。把垃圾扔到垃圾桶。

（3）这是"拖把"。妈妈用拖把拖地。

（4）这是"晾衣架"。晾衣架是用来晾衣服的。

（5）这是"窗帘"。把窗帘拉开吧，让阳光照进来。

（6）这是"水杯"。新买的水杯真漂亮！

（7）这是"保鲜膜"。爸爸将吃剩的西瓜包好保鲜膜，放进冰箱。

（8）这是"保温桶"。把饭放到保温桶里就不会凉了。

（9）这是"花瓶"。我们一起把花插到花瓶里。

（10）这是"抹布"。妈妈用抹布擦桌子。

3 说出词语

　　以"拖把"为例，画"＿＿＿＿"的地方由成人和儿童一起说出，画"＿＿＿"的地方由儿童说出。

- 步骤 1：演示阶段

这是拖把。

- 步骤 2：同时表达阶段

让我们一起说出来，这是 ＿＿＿＿（拖把）。

- 步骤 3：辅助表达阶段

这是拖 ＿＿（拖把）。

（说出"拖"后停下来，请儿童完成后面的表达。）

- 步骤 4：跟随式重复阶段

拖把，轮到你说了，＿＿＿＿（拖把）。

请你自己说出来，这是 _____（拖把）。

4 主题活动

① 扫地练习。撕一些碎纸屑，在地上画一个圆圈，请儿童将地上的碎纸屑扫到圆圈里，然后使用簸箕，将垃圾倒入旁边的垃圾桶。还可以让儿童做其他的家务，如擦桌子、晾衣服等。这些练习不仅可以使儿童的手部动作变得灵巧，而且还能促进大脑中枢神经的发育，使儿童动作更协调、动手能力更强。

② 成人出示一个花瓶的图案，请儿童用贴纸把花瓶装饰得漂亮一些，然后再画上美丽的花。建议成人和儿童一起完成活动，这是一个不错的亲子手工游戏。

③ 判断谁做得对。成人出示几张图片，如小朋友在擦桌子、小朋友把垃圾扔到马路上、小朋友在窗帘上画画等，请儿童说出谁做得对，以提高儿童的观察能力、判断能力和语言能力。

5 训练延伸

首先，示范1~2个情境下词语的应用，例如，指着教室里的物品说："这是扫帚，这是簸箕，我们可以扫地。"然后提供情境，请儿童自主应用。

（1）"这是 _____。"

（2）"我帮妈妈做家务，我做了 _____。"

学习用品

1 目标词语

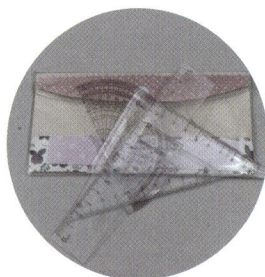
尺子

订书机

画笔

橡皮

胶带

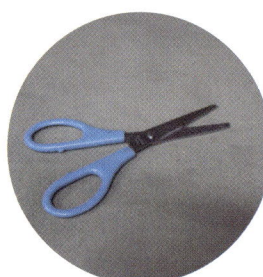
剪刀

书桌

书包

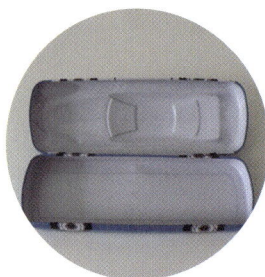
文具盒

卷笔刀

2 认识词语

首先，出示图片，告诉儿童：这是 ____；然后，结合动作、借助实物、联系实际等，让儿童理解词语的意思。

（1）这是"尺子"。老师用尺子量东西。
（2）这是"画笔"。把画笔和纸拿出来，我们要画画了。
（3）这是"文具盒"。昂昂的文具盒上画着小火车。
（4）这是"橡皮"。这个字写错了，用橡皮擦掉吧。
（5）这是"卷笔刀"。削铅笔要用卷笔刀。
（6）这是"书包"。小朋友背着书包上学去。
（7）这是"订书机"。老师用订书机把纸订在一起。
（8）这是"书桌"。小朋友们坐在书桌旁，准备上课了。
（9）这是"胶带"。不小心把书撕坏了，要用胶带粘好。
（10）这是"剪刀"。我们用小剪刀把这张纸剪开。

3 说出词语

以"剪刀"为例，画"_____"的地方由成人和儿童一起说出，画"____"的地方由儿童说出。

- 步骤1：演示阶段
这是剪刀。

- 步骤2：同时表达阶段
让我们一起说出来，这是 ____（剪刀）。

- 步骤3：辅助表达阶段
这是剪 __（剪刀）。
（说出"剪"后停下来，请儿童完成后面的表达。）

- 步骤4：跟随式重复阶段
剪刀，轮到你说了，____（剪刀）。

请你自己说出来，这是 ＿＿＿（剪刀）。

4 主题活动

❶ 贴纸游戏"需要什么"。画一些场景图，让儿童根据面前呈现的东西（如剪好的小花、写好的汉字、画好的直线等），在旁边贴上需要的物品，如在剪好的小花旁边贴上剪刀、在写好的汉字旁边贴上笔、在画好的直线旁边贴上尺子等。

❷ "找不同"游戏。准备 8 支水彩笔，分成 4 组，每组 2 支。其中 3 组呈现相同的摆放方式，1 组呈现不同的摆放方式。请儿童找出摆放方式不同的那一组。此游戏可训练儿童的观察力和注意力。

❸ 学唱儿歌《上学歌》："太阳当空照，花儿对我笑。小鸟说早早早……"

5 训练延伸

首先，示范 1~2 个情境下词语的应用，例如，"我们用画笔来画画吧""我们用剪刀来剪纸吧"等；然后提供情境，请儿童自主应用。

（1）"书桌上面放着 ＿＿＿。"

（2）小朋友，这些学习用品可以用来干什么？请演示一下。

时间

1 目标词语

闹钟

时钟

中午

手表

日、月

早晨

晚上

2 认识词语

　　首先，出示图片，告诉儿童：这是 ____；然后，结合动作、借助实物、联系实际等，让儿童理解词语的意思。

（1）这是"月"。一年有 12 个月。

（2）这是"早晨"。昂昂说："我每天早晨 7 点起床。"

（3）这是"中午"。中午，小朋友们都在睡午觉。

（4）这是"晚上"。今天晚上可以看见星星和月亮。

（5）这是"日"。今天是 7 月 5 日。

（6）这是"闹钟"。我来教你定闹钟吧。

（7）这是"手表"。手表可以戴在手腕上，方便随时看时间。

（8）这是"时钟"。床头的时钟嘀嗒嘀嗒地走着。

（9）这是"早晨"。爸爸每天早晨都要去跑步。

（10）这是"闹钟"。闹钟可以叫我们起床。

3 说出词语

　　以"中午"为例，画"____"的地方由成人和儿童一起说出，画"___"的地方由儿童说出。

- 步骤 1：演示阶段

这是中午。

- 步骤 2：同时表达阶段

让我们一起说出来，这是 ____（中午）。

- 步骤 3：辅助表达阶段

这是中 __。（中午）。

（说出"中"后停下来，请儿童完成后面的表达。）

- 步骤 4：跟随式重复阶段

中午，轮到你说了，____（中午）。

请你自己说出来，这是 ＿＿＿（中午）。

4 主题活动

❶ 准备一个彩色时钟，和儿童一起转动上面的时针和分针，方便儿童更好地认识时间。可参考英文绘本 Peppa's Busy Day（《佩奇忙碌的一天》）中的小时钟，只有12个刻度，没有细分到分钟，指针比较粗，儿童可以轻松拨动，而且时针和分针拨动时的声音是有区别的。

❷ 和儿童一起讨论起床、吃饭、上课、喝水、运动、看书、看电视、睡觉等活动的时间，制订一个作息时间表。这样可以帮助儿童合理利用时间，也可以引导其主动地由一项活动转向另一项活动。

❸ 阅读绘本《早起的小闹钟》，小闹钟每天起得很早，早晨6点叫小猫起床、7点叫小猪起床。这项活动的目的是通过阅读培养儿童对时间的认知。

5 训练延伸

首先，示范1~2个情境下词语的应用，例如，"我们9：00上课，10：00下课，上课时间是1个小时""下课后去操场踢球"等；然后提供情境，请儿童自主应用。

（1）"今天是 __ 月 __ 日，我的生日是 __ 月 __ 日。"

（2）小朋友，请你讲一讲，昨天和今天分别发生了什么事情？明天你想做什么事情？

常见反义词

大—小

多—少

高—矮

深—浅

热—冷

瘦—胖

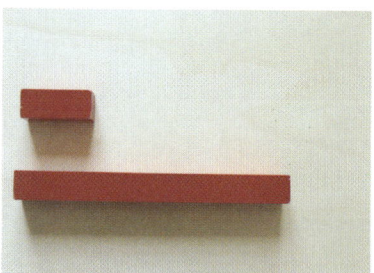

短—长

快—慢

好—坏

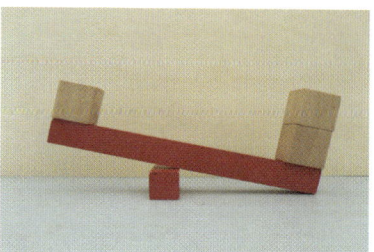

轻—重

2 认识词语

首先，出示图片，告诉儿童：这是 ____；然后，结合动作、借助实物、联系实际等，让儿童理解词语的意思。

（1）这是"大"和"小"。红色的球大，黄色的球小。

（2）这是"短"和"长"。绿色的绳子短，红色的绳子长。

（3）这是"多"和"少"。这棵树上的苹果多，那棵树上的苹果少。

（4）这是"深"和"浅"。大海的水很深，小溪的水很浅。

（5）这是"轻"和"重"。羽毛轻，石头重。

（6）这是"快"和"慢"。兔子跑得快，乌龟爬得慢。

（7）这是"高"和"矮"。长颈鹿高，小蜗牛矮。

（8）这是"好"和"坏"。这个苹果是好的，那个苹果已经坏了。

（9）这是"瘦"和"胖"。依依瘦，丽丽胖。

（10）这是"热"和"冷"。夏天很热，冬天很冷。

3 说出词语

以"大"为例，画"____"的地方由成人和儿童一起说出，画"___"的地方由儿童说出。

■ 步骤1：演示阶段

这是大。

■ 步骤2：同时表达阶段

让我们一起说出来，这是 ____（大）。

■ 步骤3：辅助表达阶段

这是 __（大）。

（提示声母d，或舌尖抵住上齿龈，引导儿童完成后面的表达。）

■ 步骤4：跟随式重复阶段

大，轮到你说了，__（大）。

请你自己说出来，这是 ____ （大 ）。

4 主题活动

① 看图填空。如：图上画大象和兔子，"大象的鼻子长，兔子的尾巴 ____ （短）"；图上画老虎和老鼠，"老虎长得大，老鼠长得 ____ （小）"；图上画公鸡和小猪玩跷跷板，"公鸡轻，小猪 ____ （重）"。

② 准备长条棒、粉红塔等玩教具，请儿童按照"从长到短"或"从短到长"、"从大到小"或"从小到大"的顺序排列。

③ 贴纸游戏。如"草莓蛋糕"：比较每组蛋糕的大小，在大蛋糕上贴一个大草莓贴纸，在小蛋糕上贴一个小草莓贴纸；"最长的绳子"：在最长的绳子旁边贴一个小花贴纸，在最短的绳子旁边贴一个仙人球贴纸等。

5 训练延伸

首先，示范1~2个情境下词语的应用。例如，拿大小不同的两个球，说"大的给你，小的给我"；一起搬书，说"你搬轻的，我搬重的"等。然后提供情境，请儿童自主应用。

（1）"我想要这个 ____ 的。"

（2）小朋友，比一比，爸爸和你谁高，谁矮？谁胖，谁瘦？谁跑得快，谁跑得慢？

场所

动物园

饭店

公交站

幼儿园

公安局

加油站

游乐场

银行

医院

图书馆

2 认识词语

首先，出示图片，告诉儿童：这是 ____；然后，结合动作、借助实物、联系实际等，让儿童理解词语的意思。

（1）这是"图书馆"。图书馆里很安静。

（2）这是"医院"。生病了要去医院看病。

（3）这是"游乐场"。小朋友们都喜欢去游乐场玩。

（4）这是"加油站"。加油站可以给汽车加油。

（5）这是"幼儿园"。爸爸妈妈去上班，我上幼儿园。

（6）这是"公交站"。公交站里停了很多公交车。

（7）这是"公安局"。警察把坏人抓到公安局。

（8）这是"银行"。妈妈去银行取了钱。

（9）这是"动物园"。动物园里有很多动物。

（10）这是"饭店"。昂昂想去饭店吃饭。

3 说出词语

以"幼儿园"为例，画"_____"的地方由成人和儿童一起说出，画"___"的地方由儿童说出。

- 步骤1：演示阶段

这是幼儿园。

- 步骤2：同时表达阶段

让我们一起说出来，这是 _____（幼儿园）。

- 步骤3：辅助表达阶段

这是幼 ____（幼儿园）。

（说出"幼"后停下来，请儿童完成后面的表达。）

- 步骤4：跟随式重复阶段

幼儿园，轮到你说了，_____（幼儿园）。

请你自己说出来，这是 _____（幼儿园）。

4 主题活动

① 小手工"我是小小设计师"。准备城市建筑的黑白图片，请儿童涂上喜欢的颜色，涂色后剪下来；然后，请儿童将它粘贴到城市图卡中，根据自己的想法进行城市设计。

② "连连看"游戏。请儿童将人物、事物与相关的建筑用直线连起来。如医生——医院、汽车——加油站、饭菜——饭店、旋转木马——游乐场、钱——银行等。

③ 参观图书馆，告诉儿童图书馆的基本秩序。如：保持室内安静，轻声交谈以免影响他人阅读；保持室内整洁，禁止将食物带入馆内；爱护图书……与儿童一起借阅图书。

5 训练延伸

首先，示范1~2个情境下词语的应用。例如，拿出小汽车玩具，说"小汽车没油了，去加油站加油吧"；将芭比娃娃的小脸蛋涂红，说"她发烧了，去医院看病吧"等。然后提供情境，请儿童自主应用。

（1）"这是 ____，____ 在里面工作。"

（2）"周末我去了 ____。"

景物

1 目标词语

白云

彩虹

房子

向日葵

石头

花

田野

树

桥

2 认识词语

　　首先，出示图片，告诉儿童：这是 ____；然后，结合动作、借助实物、联系实际等，让儿童理解词语的意思。

（1）这是"白云"。天空中飘着朵朵白云。

（2）这是"石头"。石头有粗糙的，也有光滑的。

（3）这是"房子"。房子可以为我们遮风挡雨。

（4）这是"向日葵"。这里有一大片金黄色的向日葵，真美！

（5）这是"树"。树上有一只小鸟。

（6）这是"桥"。看！那里有一座桥。

（7）这是"田野"。秋天的田野真美啊！

（8）这是"花"。蝴蝶在漂亮的花上飞舞。

（9）这是"彩虹"。彩虹有七种颜色，很漂亮！

（10）这是"向日葵"。我很喜欢向日葵。

3 说出词语

　　以"彩虹"为例，画"_____"的地方由成人和儿童一起说出，画"___"的地方由儿童说出。

- 步骤 1：演示阶段

这是彩虹。

- 步骤 2：同时表达阶段

让我们一起说出来，这是 ____（彩虹）。

- 步骤 3：辅助表达阶段

这是彩 __（彩虹）。

（说出"彩"后停下来，请儿童完成后面的表达。）

- 步骤 4：跟随式重复阶段

彩虹，轮到你说了，____（彩虹）。

请你自己说出来，这是 ____（彩虹）。

4 主题活动

❶ 准备水彩笔和画纸，请儿童自由发挥画一幅风景画。也可以准备一幅黑白色乡村美景图，请儿童涂色。

❷ 学习古诗《悯农》："锄禾日当午，汗滴禾下土。谁知盘中餐，粒粒皆辛苦。"并给儿童讲讲农民种田怎样辛苦、庄稼的长成如何不易等，教儿童常怀感恩之心。

❸ "农场大发现"游戏。出示专注力培养游戏书《宝宝专注力1000：车子大发现》，当夏天快要结束，秋天悄悄开始的时候，地里的农作物成熟了，又到了收获的季节，农民伯伯使用收割机收割小麦、脱粒，然后把秸秆打成一个个大草捆。小朋友，请找一找收割机/草捆……

5 训练延伸

首先，示范1~2个情境下词语的应用，例如，就乡村美景与儿童展开讨论："我们在户外看到了大树、小花和房子，还有什么？"然后提供情境，请儿童自主应用。

（1）"我们去户外，可以看到 ____。"

（2）小朋友，说一说，天空中有什么？

零食

1 目标词语

蛋糕

核桃

花生

香肠

饼干

开心果

糖果

松子

薯片

巧克力

2 认识词语

　　首先，出示图片，告诉儿童：这是 ＿＿＿；然后，结合动作、借助实物、联系实际等，让儿童理解词语的意思。

（1）这是"蛋糕"。过生日的时候要吃生日蛋糕。

（2）这是"香肠"。小朋友们都爱吃香肠。

（3）这是"饼干"。丽丽说："饼干脆脆的，真好吃！"

（4）这是"薯片"。土豆切成薄片，用油炸过后撒上盐，吃起来脆脆的，这是薯片。

（5）这是"开心果"。开心果外面的果壳是白色的，里面的果肉是绿色的。

（6）这是"核桃"。多吃核桃聪明。

（7）这是"花生"。花生很好吃哦。

（8）这是"松子"。小松鼠最爱吃松子。

（9）这是"糖果"。糖果吃多了会牙疼。

（10）这是"巧克力"。妈妈去超市买了一大盒巧克力。

3 说出词语

　　以"蛋糕"为例，画"＿＿＿＿"的地方由成人和儿童一起说出，画"＿＿＿"的地方由儿童说出。

- 步骤1：演示阶段

这是蛋糕。

- 步骤2：同时表达阶段

让我们一起说出来，这是 ＿＿＿＿（蛋糕）。

- 步骤3：辅助表达阶段

这是蛋 ＿＿（蛋糕）。

（说出"蛋"后停下来，请儿童完成后面的表达。）

■ 步骤4：跟随式重复阶段

蛋糕，轮到你说了，_____（蛋糕）。

■ 步骤5：自主表达阶段

请你自己说出来，这是 _____（蛋糕）。

4 主题活动

❶ 猜谜语。"壳儿硬，壳儿脆，四个姐妹隔墙睡。从小到大背靠背，裹着一床疙瘩被。（谜底：核桃）"或"麻屋子，红帐子，里面住个白胖子。（谜底：花生）"

❷ 成人和儿童一起制作简单的零食，如炸薯片、用烤箱烤蛋糕或饼干等。此活动让儿童参与其中，可培养儿童的动手能力，帮助其了解零食的制作过程，让儿童享受自己的劳动成果。

❸ 成人带着儿童到超市，给儿童介绍货架上的各种零食，然后请儿童复述，或隔天再次带儿童到超市，引导儿童自己介绍货架上的各种零食。

5 训练延伸

首先，示范1~2个情境下词语的应用，例如，"我爱吃薯片，你呢？"等；然后提供情境，请儿童自主应用。

（1）"让我们分享零食。这是 _____。"

（2）"我爱吃 _____。"

味道

1 目标词语

酸

辣

甜

咸

苦

2 认识词语

　　首先，出示图片，告诉儿童：这是 ＿＿＿；然后，结合动作、借助实物、联系实际等，让儿童理解词语的意思。

（1）这是"咸"。妈妈说这汤不够咸，要再加点儿盐。

（2）这是"辣"。辣椒很辣。

（3）这是"酸"。柠檬很酸。

（4）这是"苦"。苦瓜很苦。

（5）这是"甜"。糖很甜。

（6）这是"咸"。菜太咸了，下次要少放点盐。

（7）这是"辣"。切洋葱的时候辣眼睛。

（8）这是"酸"。新买的醋真酸。

（9）这是"甜"。妈妈刚煮的玉米很甜。

（10）这是"苦"。这个药好苦呀！

3 说出词语

　　以"辣"为例，画"＿＿＿＿"的地方由成人和儿童一起说出，画"＿＿＿"的地方由儿童说出。

- 步骤1：演示阶段

这是辣。

- 步骤2：同时表达阶段

让我们一起说出来，这是 ＿＿＿＿（辣）。

- 步骤3：辅助表达阶段

这是 ＿＿＿＿（辣）。

（提示声母l，或舌尖抵住上齿龈，引导儿童完成后面的表达。）

- 步骤4：跟随式重复阶段

辣，轮到你说了，＿＿＿＿（辣）。

请你自己说出来，这是 ＿＿＿（辣）。

4 主题活动

❶ 认识糖和醋。准备加糖的温水和加醋的温水各一杯，请儿童分别尝一尝两杯水，说出它们的味道以及分别加了什么。此活动可提高儿童味觉的辨别能力，增加儿童对糖和醋的认知。

❷ "尝味道"游戏。准备不同味道的食物各一块，如苹果、橘子、火龙果、西瓜等，蒙住儿童的双眼，让儿童尝尝食物，并说出相应的食物名称和味道。此活动可提高儿童味觉的辨别能力，也可以让儿童根据品尝的经验说出哪个最甜、哪个最酸等，做味觉记忆训练。

❸ 平时可随机对儿童进行味觉训练，如吃西瓜时，告诉儿童"这是甜的"；吃草莓时，告诉儿童"这是又酸又甜的"；生病吃药时，告诉儿童"药是苦的"等。

5 训练延伸

首先，示范 1~2 个情境下词语的应用，例如，"我爱吃辣椒，很辣的辣椒""草莓的味道是酸酸甜甜的"等；然后提供情境，请儿童自主应用。

（1）"我爱吃 ＿＿＿，因为它很 ＿＿＿。"

（2）小朋友，说一说，什么东西是酸的，什么东西是甜的？

触觉

软

硬

粗糙

湿

毛茸茸

光滑

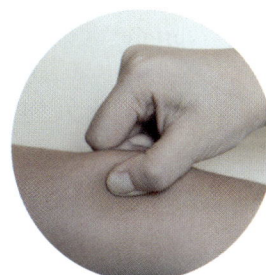

疼

烫

凉

2 认识词语

首先，出示图片，告诉儿童：这是 ____ ；然后，结合动作、借助实物、联系实际等，让儿童理解词语的意思。

（1）这是"软"。蛋糕很软。

（2）这是"硬"。石头很硬。

（3）这是"粗糙"。这块布料摸起来很粗糙。

（4）这是"光滑"。小朋友的皮肤很光滑。

（5）这是"毛茸茸"。丽丽过生日时，爸爸送给她一个毛茸茸的小熊玩偶。

（6）这是"湿"。这件衣服湿了。

（7）这是"软"。棉花糖软软的、甜甜的，真好吃！

（8）这是"凉"。冰激凌是凉的。

（9）这是"疼"。明明摔倒了，他喊："好疼啊！"

（10）这是"烫"。水很烫，不要摸。

3 说出词语

以"粗糙"为例，画"_____"的地方由成人和儿童一起说出，画"___"的地方由儿童说出。

- 步骤1：演示阶段

这是粗糙。

- 步骤2：同时表达阶段

让我们一起说出来，这是 _____（粗糙）。

- 步骤3：辅助表达阶段

这是粗 __（粗糙）。

（说出"粗"后停下来，请儿童完成后面的表达。）

■ 步骤4：跟随式重复阶段

粗糙，轮到你说了，＿＿＿（粗糙）。

■ 步骤5：自主表达阶段

请你自己说出来，这是 ＿＿＿（粗糙）。

4 主题活动

① 准备一块粗糙的砂纸板、一块光滑的木板，引导儿童用手轻轻触摸，感知砂纸板的粗糙和木板的光滑，并说出"砂纸板是粗糙的""木板是光滑的"。

② 准备三个纸杯，分别倒入凉水、温水和热水，注意热水温度不要太高，以免烫伤儿童。请儿童用手分别摸三个纸杯，并说出水温的不同。

③ 触觉训练。教儿童如何触摸物体，如对各类布料的感受练习等。也可用触觉球轻压儿童的各个关节，强化其末梢神经和大小关节神经；或用小触觉球刺激儿童的手掌和手背，强化其脏腑的功能。

5 训练延伸

首先，示范1~2个情境下词语的应用。例如，拿出一个毛绒玩具说"它摸起来毛茸茸的"；在衣服上洒一点水，告诉儿童"衣服湿了"等。然后提供情境，请儿童自主应用。

（1）"它摸起来是 ＿＿＿ 的。"

（2）小朋友，说一说，房间里哪些东西是软的，哪些东西是硬的？

方位名词

里面

北

前、后

左、中间、右

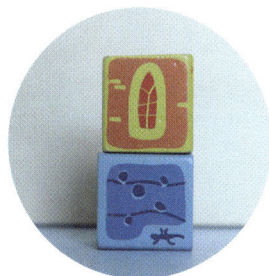
外面

上、下

2 认识词语

　　首先，出示图片，告诉儿童：这是 ____；然后，结合动作、借助实物、联系实际等，让儿童理解词语的意思。

（1）这是"上"。杯子在桌子上面。

（2）这是"下"。垃圾桶在桌子下面。

（3）这是"里面"。把脏衣服放进洗衣机里面。

（4）这是"左"。足球在小朋友的左边。

（5）这是"前"。小熊在前面，小象在后面。

（6）这是"后"。小熊在前面，小象在后面。

（7）这是"外面"。大灰狼在门外面，小兔子不开门。

（8）这是"右"。请站到我的右边。

（9）这是"北"。看地图要注意，上面是北。

（10）这是"中间"。把球放到两本书中间。

3 说出词语

　　以"北"为例，画"____"的地方由成人和儿童一起说出，画"__"的地方由儿童说出。

- 步骤1：演示阶段

这是北。

- 步骤2：同时表达阶段

让我们一起说出来，这是 ____（北）。

- 步骤3：辅助表达阶段

这是 __（北）。

（提示声母b，或做合唇动作，引导儿童完成后面的表达。）

- 步骤4：跟随式重复阶段

北，轮到你说了，__（北）。

请你自己说出来，这是 ___（北）。

4 主题活动

❶ 听指令做动作。成人发出指令，如"把杯子放到桌子上""右手拿笔""请把垃圾放到门外面，然后关门""请站到我的后面"等，请儿童按照指令做出正确的动作。

❷ 拍手游戏。成人和儿童边说边做动作：拍手拍手（两手自拍）；拍拍手手（两人对拍）；上上下下，左左右右（两手上、下、左、右各拍两次）；转来转去锤，转来转去叉（两只手握拳放在胸前旋转，然后出拳头和剪刀）；转来转去一个，转来转去三个（两只手握拳放在胸前旋转，伸出一根手指，再握拳旋转，伸出三根手指）。

❸ "捉迷藏"游戏。成人藏在窗帘后面、桌子下面等，让儿童找；交换角色，儿童藏，成人找。捉迷藏是一项不错的亲子游戏。

5 训练延伸

首先，示范1~2个情境下词语的应用。例如，拿出小猪佩奇和乔治玩具，摆放好，说"佩奇在前，乔治在后"；把球放到桌子底下，说"桌子下面有个球"等。然后提供情境，请儿童自主应用。

（1）"这些汉字我认识，这是 _____。"

（2）小朋友，讲一讲你从家到学校要走的路线。

客厅和卧室

1 目标词语

被子

茶几

床

衣柜

枕头

电视机

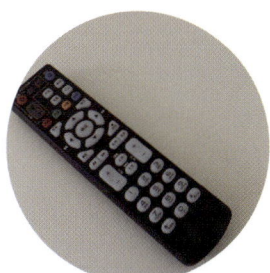

遥控器

沙发

毛毯

空调

2 认识词语

　　首先，出示图片，告诉儿童：这是 ___；然后，结合动作、借助实物、联系实际等，让儿童理解词语的意思。

（1）这是"沙发"。客人来了，请客人坐到沙发上。

（2）这是"电视机"。打开电视机可以看到好看的动画片。

（3）这是"空调"。天热的时候，可以打开空调。

（4）这是"遥控器"。我们要用遥控器打开空调。

（5）这是"茶几"。沙发前面的矮矮的小桌子是茶几，上面可以放零食和水果。

（6）这是"被子"。丽丽说："这个被子盖着好舒服啊！"

（7）这是"衣柜"。我们的衣服都整齐地放在衣柜里面。

（8）这是"枕头"。床上有一个长方形的枕头。

（9）这是"床"。睡觉的时候要躺在床上。

（10）这是"毛毯"。天冷了，睡觉时盖个毛毯吧。

3 说出词语

　　以"空调"为例，画"_____"的地方由成人和儿童一起说出，画"___"的地方由儿童说出。

▪ 步骤1：演示阶段

这是空调。

▪ 步骤2：同时表达阶段

让我们一起说出来，这是 _____（空调）。

▪ 步骤3：辅助表达阶段

这是空 __（空调）。

（说出"空"后停下来，请儿童完成后面的表达。）

■ 步骤4：跟随式重复阶段

空调，轮到你说了，____（空调）。

■ 步骤5：自主表达阶段

请你自己说出来，这是 ____（空调）。

4 主题活动

❶ "识图分类"游戏。准备客厅、卧室、厨房、卫生间等地方的家具、电器或用具的图片，请儿童对它们进行分类，如沙发、茶几、电视机等放在客厅，被子、枕头、床等放在卧室。

❷ 感统游戏。让儿童坐在床单上，大人分别抓住床单的四个角，将儿童抬高并轻轻地左右晃动，有助于儿童平衡能力的发展。

❸ 假想游戏。准备沙发、茶几、水果等玩具，请人物玩偶或动物娃娃们来家里做客，教会儿童如何有礼貌地接待客人。患有社交沟通障碍的儿童通常不会像一般儿童那样玩假想游戏，即使玩也不会做较复杂的假想，因此，成人应该制造更多机会并引导儿童学习如何进行假想游戏。

5 训练延伸

首先，示范1~2个情境下词语的应用，例如，拍一张家居照片，指给儿童看，告诉儿童"客厅里有沙发""卧室里有床"等；然后提供情境，请儿童自主应用。

（1）"欢迎来我家！这是 ____。"

（2）小朋友，说一说，客厅和卧室有什么区别？

浴室

1 目标词语

花洒

镜子

马桶

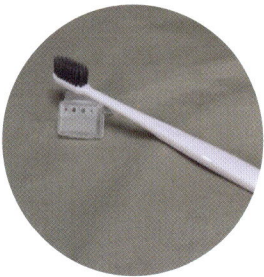
牙刷

毛巾

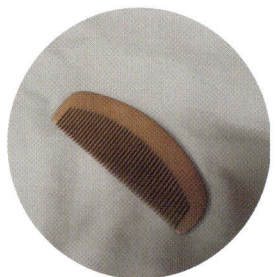
梳子

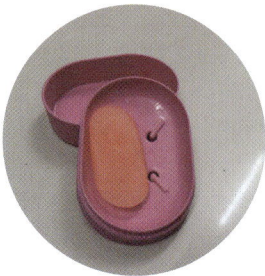
香皂

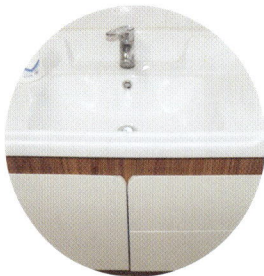
洗手池

洗发水

水龙头

2 认识词语

　　首先，出示图片，告诉儿童：这是 ＿＿＿；然后，结合动作、借助实物、联系实际等，让儿童理解词语的意思。

（1）这是"洗手池"。饭前便后要去洗手池洗手。

（2）这是"花洒"。买哪个花洒好呢？

（3）这是"水龙头"。洗完手请及时关闭水龙头，节约用水。

（4）这是"香皂"。洗手的时候用香皂搓出泡泡，再用水冲洗干净。

（5）这是"牙刷"。把牙膏挤到牙刷上。

（6）这是"梳子"。梳子用来梳头发。

（7）这是"洗发水"。洗头发的时候，我们要用洗发水。

（8）这是"毛巾"。洗完澡，要用毛巾把身上的水擦干。

（9）这是"镜子"。丽丽很喜欢照镜子。

（10）这是"马桶"。昂昂真棒，自己坐在马桶上拉便便。

3 说出词语

　　以"牙刷"为例，画"＿＿＿＿"的地方由成人和儿童一起说出，画"＿＿＿"的地方由儿童说出。

- -

■ 步骤1：演示阶段

这是牙刷。

■ 步骤2：同时表达阶段

让我们一起说出来，这是 ＿＿＿＿（牙刷）。

- -

■ 步骤3：辅助表达阶段

这是牙 ＿＿（牙刷）。

（说出"牙"后停下来，请儿童完成后面的表达。）

■ 步骤4：跟随式重复阶段

牙刷，轮到你说了，＿＿＿（牙刷）。

- -

请你自己说出来，这是 ＿＿＿（牙刷）。

4 主题活动

❶ 阅读亲子绘本《我会洗手》，帮助儿童了解洗手的重要性，学习正确的洗手方法。然后准备一个洗手盆、一瓶水、一块香皂或一瓶洗手液，请儿童按照绘本中的步骤自己洗手，搓搓手心、搓搓手背等。

❷ 感统游戏。儿童洗澡时用沐浴刷给他刷身体、用梳子给他梳头发等，这是消除触觉敏感较好的方法，做这种游戏时，儿童会比较放松，大声喊叫或大笑。

❸ 学习儿歌《刷牙歌》，边唱边做动作："小牙刷，手中拿，我呀张开小嘴巴……"

5 训练延伸

首先，示范 1~2 个情境下词语的应用，例如，带儿童到浴室和卧室，告诉儿童"浴室里有洗手池，卧室里有床"等；然后提供情境，请儿童自主应用。

（1）"我来介绍一下浴室用品，这是 ＿＿＿。"

（2）小朋友，请说一说浴室和卧室的区别。

厨房

1 目标词语

铲子

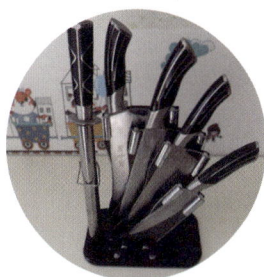

刀

电饭煲

碗

菜板

锅

勺子

热水壶

筷子

烤箱

2 认识词语

　　首先，出示图片，告诉儿童：这是 ＿＿＿；然后，结合动作、借助实物、联系实际等，让儿童理解词语的意思。

（1）这是"锅"。饭在锅里。

（2）这是"碗"。我们要把饭盛到碗里吃。

（3）这是"电饭煲"。昂昂帮妈妈盖上了电饭煲的盖子。

（4）这是"热水壶"。这个热水壶里装满了水。

（5）这是"菜板"。要用菜板切菜。

（6）这是"筷子"。宝贝，你会用筷子吗？

（7）这是"刀"。用刀把水果切成小块。

（8）这是"勺子"。我们要用勺子喝汤。

（9）这是"烤箱"。烤箱可以做出各种面包和点心。

（10）这是"铲子"。这是一把木头铲子。

3 说出词语

　　以"烤箱"为例，画"＿＿＿＿"的地方由成人和儿童一起说出，画"＿＿＿"的地方由儿童说出。

- 步骤1：演示阶段

这是烤箱。

- 步骤2：同时表达阶段

让我们一起说出来，这是＿＿＿＿（烤箱）。

- 步骤3：辅助表达阶段

这是烤＿＿（烤箱）。

（说出"烤"后停下来，请儿童完成后面的表达。）

- 步骤4：跟随式重复阶段

烤箱，轮到你说了，＿＿＿（烤箱）。

请你自己说出来，这是 ＿＿＿（烤箱）。

4 主题活动

① 准备厨房玩具套装，包括菜刀、燃气灶、锅、铲子、盘子、勺子等厨具和一些蔬菜，与儿童玩做饭的游戏，激发儿童游戏的兴趣，提高其语言表达能力。

② 准备一些真实的厨房器具或相应的卡片，可加入非厨房器具或相应的卡片作为干扰项，请儿童说出哪两种物品经常一起使用，如锅和铲子、刀和菜板、扫帚和簸箕等。

③ 成人故意做错一些事情或做一些不符合常理的事情，看儿童会不会注意到。如，拿一个碗，碗口朝下，做出往碗里盛东西的动作。引导儿童发现并指出生活中不符合常理的情况，提高其判断能力及语言认知能力。

5 训练延伸

首先，示范1~2个情境下词语的应用，例如，带儿童到厨房，告诉儿童"厨房里有碗和筷子""刀用来切菜，电饭煲用来蒸米饭"等；然后提供情境，请儿童自主应用。

（1）"我家的厨房里有＿＿＿。"

（2）"＿＿＿是用来＿＿＿的。"

超市

1 目标词语

收银台

称重处

服务中心

买

储物柜

购物车

价签

货架

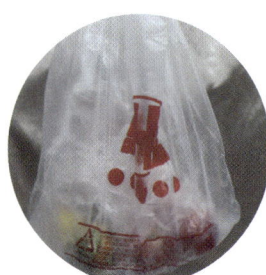

购物袋

2 认识词语

首先，出示图片，告诉儿童：这是 ____；然后，结合动作、借助实物、联系实际等，让儿童理解词语的意思。

（1）这是"购物车"。我们进入超市后，要推一个购物车，把想买的东西放进去。

（2）这是"货架"。超市里的商品都整齐地摆放在货架上。

（3）这是"储物柜"。食物不可以带入超市，要放在储物柜里存起来。

（4）这是"服务中心"。在超市买东西的过程中，如果遇到问题，可以到服务中心求助。

（5）这是"买"。丽丽去超市买棒棒糖。

（6）这是"价签"。商品的价签上写着价格。

（7）这是"称重处"。妈妈把水果拿到称重处称重量。

（8）这是"购物袋"。拿一个购物袋，把买好的东西放进去。

（9）这是"收银台"。结账要到收银台。

（10）这是"买"。小朋友在买零食。

3 说出词语

以"购物车"为例，画"____"的地方由成人和儿童一起说出，画"____"的地方由儿童说出。

- **步骤1：演示阶段**

这是购物车。

- **步骤2：同时表达阶段**

让我们一起说出来，这是 ____（购物车）。

- **步骤3：辅助表达阶段**

这是购 ____（购物车）。

（说出"购"后停下来，请儿童完成后面的表达。）

- 步骤4：跟随式重复阶段

购物车，轮到你说了，_____（购物车）。

- 步骤5：自主表达阶段

请你自己说出来，这是_____（购物车）。

4 主题活动

❶ 学习儿歌《逛超市》："商场里面真热闹，来来往往人如潮，购物之前先存包……"然后，与儿童一起观看动画《贝瓦学堂之超市购物》，并讨论。

❷ "找出清单上的物品"游戏。准备一张超市平面图和一份物品清单，请儿童在超市平面图中找出清单上的物品，每找出一个物品就在清单上打一个勾，直到全部找到为止。熟悉这一流程后，可带着儿童到超市实践。

❸ 准备超市套装玩具，包含水果、蔬菜、称重处、收银台、零钱等，成人扮演收银员，儿童扮演顾客，模拟购物活动，让儿童练习到超市买东西。熟悉流程后，可带着儿童到超市实践。

5 训练延伸

首先，示范1~2个情境下词语的应用，例如，就超市里的物品与儿童展开对话："我想去超市买好吃的，超市里都有什么呢？"然后提供情境，请儿童自主应用。

（1）"超市里有____。"

（2）"昨天，妈妈去超市买了____。"

游乐场

1 目标词语

滑梯

沙坑

旋转木马

蹦床

抓娃娃机

小火车

摇摇车

旋转桶

海洋球

钓鱼

2 认识词语

首先，出示图片，告诉儿童：这是 ___；然后，结合动作、借助实物、联系实际等，让儿童理解词语的意思。

（1）这是"抓娃娃机"。小女孩特别喜欢玩抓娃娃机。

（2）这是"滑梯"。滑滑梯的时候要排队，等前面的小朋友滑下去，后面的小朋友再滑。

（3）这是"沙坑"。小朋友都喜欢拿着小铲子在沙坑里挖沙子。

（4）这是"旋转木马"。丽丽正在玩旋转木马。

（5）这是"蹦床"。昂昂喜欢在蹦床上跳高高。

（6）这是"旋转桶"。哇！我看到了旋转桶。

（7）这是"小火车"。呜——小火车开来了。

（8）这是"钓鱼"。现在我们做一个游戏，游戏的名字叫"钓鱼"。

（9）这是"海洋球"。海洋球是塑料彩色小球，经常出现在淘气堡和儿童帐篷里面。

（10）这是"摇摇车"。先投币，再玩摇摇车。

3 说出词语

以"滑梯"为例，画"_____"的地方由成人和儿童一起说出，画"___"的地方由儿童说出。

- 步骤1：演示阶段

这是滑梯。

- 步骤2：同时表达阶段

让我们一起说出来，这是 _____（滑梯）。

- 步骤3：辅助表达阶段

这是滑 __（滑梯）。

（说出"滑"后停下来，请儿童完成后面的表达。）

滑梯，轮到你说了，_____（滑梯）。

请你自己说出来，这是 _____（滑梯）。

4 主题活动

① 下载《宝宝巴士之宝宝游乐园》游戏，与儿童一起玩打地鼠、抓娃娃等游戏，让儿童体验游乐园的乐趣。

② 出示词语卡片，如小猴子、跷跷板、小兔子、蹦床，请儿童根据词语编小故事。如："小猴子到了游乐场，它想玩跷跷板，可是一个人不能玩，它看到小兔子在玩蹦床，便走过去，叫小兔子和它一起玩跷跷板，好朋友在一起玩得真开心！"

③ 周末，成人可以带着儿童去游乐场玩，提升儿童的认知能力、语言沟通能力、社会交往能力、大运动能力等。

5 训练延伸

首先，示范 1~2 个情境下词语的应用，例如，就游乐项目与儿童展开对话："我想去游乐场玩旋转木马，你呢？"然后提供情境，请儿童自主应用。

（1）"游乐场里真热闹，有 _____。"

（2）"我想去游乐场玩 _____。"

幼儿园

办公室

操场

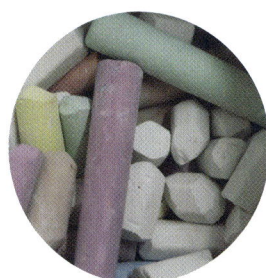

粉笔

园服

教学楼

滑梯

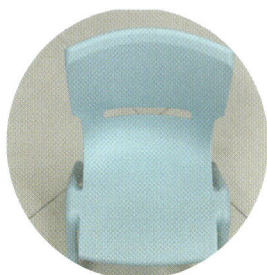

椅子

书包

老师

教室

2 认识词语

　　首先，出示图片，告诉儿童：这是 ____；然后，结合动作、借助实物、联系实际等，让儿童理解词语的意思。

（1）这是"老师"。在幼儿园里，老师给小朋友们上课。

（2）这是"粉笔"。老师用粉笔在黑板上写字。

（3）这是"园服"。周一升旗，小朋友们统一穿园服。

（4）这是"教室"。小朋友们在教室里上课。

（5）这是"操场"。下课后，小朋友们可以去操场做游戏、踢足球。

（6）这是"书包"。早上，小朋友背着书包去上学。

（7）这是"滑梯"。幼儿园里也有滑梯。

（8）这是"椅子"。昂昂安静地坐在小椅子上。

（9）这是"教学楼"。下雨了，快回到教学楼。

（10）这是"办公室"。这是老师的办公室。

3 说出词语

　　以"教室"为例，画"____"的地方由成人和儿童一起说出，画"__"的地方由儿童说出。

■ 步骤1：演示阶段

这是教室。

■ 步骤2：同时表达阶段

让我们一起说出来，这是 ____（教室）。

■ 步骤3：辅助表达阶段

这是教 __（教室）。
（说出"教"后停下来，请儿童完成后面的表达。）

■ 步骤4：跟随式重复阶段

教室，轮到你说了，____（教室）。

请你自己说出来，这是 ＿＿＿（教室）。

4 主题活动

① 下载《宝宝巴士之宝宝幼儿园》游戏，与儿童一起玩游戏，提升儿童的认知能力。

② 学习儿歌《我上幼儿园》："爸爸妈妈去上班，我上幼儿园，我不哭，也不闹，叫声老师早。"或儿歌《快乐的一天开始了》："东边的太阳微微笑，树上的小鸟啾啾叫……"

③ 阅读绘本《幼儿园我来啦》（北京科学技术出版社），书中用大小不同、颜色各异的圆点形象巧妙地表现了孩子们在幼儿园里的集体活动场景，让儿童感受幼儿园集体生活的乐趣。

5 训练延伸

首先，示范1~2个情境下词语的应用，例如，拿出一张幼儿园情景图并与儿童展开对话，"幼儿园里有滑梯""幼儿园里有很多小朋友，他们围坐在一起"等；然后提供情境，请儿童自主应用。

（1）"幼儿园里有 ＿＿＿。"

（2）小朋友，说一说，你喜欢上什么课，不喜欢上什么课？为什么？

天气

1 目标词语

晴天

阴天

风

大雾

下雨

雷电

下雪

2 认识词语

　　首先，出示图片，告诉儿童：这是 ___；然后，结合动作、借助实物、联系实际等，让儿童理解词语的意思。

（1）这是"晴天"。太阳当空照，今天是个大晴天。

（2）这是"阴天"。太阳跑到云彩后面去了，天灰蒙蒙的，这是阴天。

（3）这是"下雨"。下雨天出门要打伞。

（4）这是"风"。风呼呼地刮着，小兔子觉得很冷。

（5）这是"下雪"。昂昂想去院子里堆雪人、打雪仗，他盼望明天是个下雪天。

（6）这是"大雾"。今天有大雾，从窗口往外看时什么也看不清。

（7）这是"雷电"。雷电天气不要待在树下。

（8）这是"晴天"。明天是晴天，我们去公园。

（9）这是"下雨"。丽丽喜欢下雨，更喜欢雨后天空的彩虹。

（10）这是"风"。今天的风有点儿大。

3 说出词语

　　以"晴天"为例，画"_____"的地方由成人和儿童一起说出，画"___"的地方由儿童说出。

- -

■ 步骤1：演示阶段

这是晴天。

■ 步骤2：同时表达阶段

让我们一起说出来，这是 _____（晴天）。

- -

■ 步骤3：辅助表达阶段

这是晴 __（晴天）。

（说出"晴"后停下来，请儿童完成后面的表达。）

■ 步骤4：跟随式重复阶段

晴天，轮到你说了，＿＿＿（晴天）。

■ 步骤5：自主表达阶段

请你自己说出来，这是＿＿＿（晴天）。

4 主题活动

❶ 手工制作"天气大转盘"。准备雪人、太阳、雨伞、乌云等与天气有关的图片，请儿童粘贴到大转盘上，然后安一个指针，儿童转动转盘，指针指向哪张图片，儿童就要说出相应的天气。

❷ "需要什么"游戏。出示3~4张情景图片，如小女孩淋雨、小男孩堆雪人、小男孩热得满头大汗等，提供雨伞、雨鞋、手套、围巾、扇子、短裤等图片，请儿童说出情景图片中的人物分别需要什么。

❸ "我是小小播报员"游戏。让儿童当天气预报播报员，播报天气，如"明天是下雨天，没有太阳，也没有风，小朋友记得带雨伞"等。这个游戏可以培养儿童的语言表达能力和社会交往能力。

5 训练延伸

首先，示范1~2个情境下词语的应用。例如，与儿童玩"大风来了"的游戏，一边吹气，一边说"大风来了"；或讨论当日的天气情况，"今天是下雨天"等。然后提供情境，请儿童自主应用。

（1）"我喜欢＿＿＿，因为＿＿＿。"

（2）小朋友，说一说，今天的天气怎么样？

情绪

高兴

伤心

哭

生气

笑

害怕

2 认识词语

首先，出示图片，告诉儿童：这是 ____；然后，结合动作、借助实物、联系实际等，让儿童理解词语的意思。

（1）这是"高兴"。妈妈给小花买了新玩具，小花很高兴。

（2）这是"生气"。这是生气的表情。

（3）这是"伤心"。丽丽最喜欢的玩具坏了，她很伤心。

（4）这是"笑"。高兴时我会笑。

（5）这是"哭"。伤心时我会哭。

（6）这是"害怕"。有蛇！阿姨很害怕。

（7）这是"伤心"。我不要伤心，我要开心。

（8）这是"害怕"。我是小小男子汉，我不害怕一个人在家。

（9）这是"生气"。生气时我的肚子里像有一个小火炉。

（10）这是"笑"。你笑起来真好看。

3 说出词语

以"伤心"为例，画"_____"的地方由成人和儿童一起说出，画"____"的地方由儿童说出。

- 步骤1：演示阶段

这个表情是伤心。

- 步骤2：同时表达阶段

让我们一起说出来，这个表情是 ____（伤心）。

- 步骤3：辅助表达阶段

这个表情是伤 __（伤心）。
（说出"伤"后停下来，请儿童完成后面的表达。）

- 步骤4：跟随式重复阶段

伤心，轮到你说了，____（伤心）。

请你自己说出来，这个表情是 ____ （伤心）。

4 主题活动

❶ "情绪观测站"。准备两张大图画纸和彩笔，首先在两张图画纸上写上日期，然后标示出早晨、上午、中午、下午、晚上，让儿童记录自己的心情，如高兴贴一朵小花、不高兴贴一个气球、生气贴一个刺猬等，观察儿童什么时候做什么事时开心，什么时候做什么事时不开心。

❷ 阅读情绪管理绘本。绘本以故事的形式趣味地展示儿童常见的情绪问题，可帮助儿童控制和调节不良情绪。

❸ 学习情绪认知儿歌《幸福拍手歌》："如果感到幸福你就拍拍手，如果感到幸福你就拍拍手，如果感到幸福就快快拍拍手呀，看哪大家一起拍拍手……"建议配合表情和动作。或者与儿童玩假想游戏：准备一些小动物玩偶或布娃娃，设置1~2个假想游戏，如小兔子跳着跳着不小心摔倒了，小兔子哭了，小熊过生日，好朋友们送来生日礼物，小熊笑了等。

5 训练延伸

首先，示范1~2个情境下词语的应用，例如，与儿童一起照镜子，假扮哭或笑的表情，请儿童观察，告诉儿童"看，我哭了""看，我笑呢"等；然后提供情境，请儿童自主应用。

（1）"他 ____ 。"

（2）小朋友，什么事情让你高兴，什么事情让你生气，什么东西令你害怕？

健康

1 目标词语

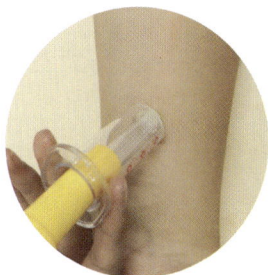

打针

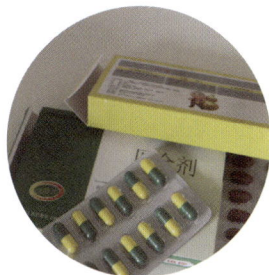

药

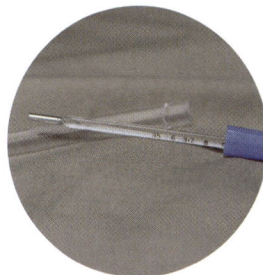

体温计

按摩器

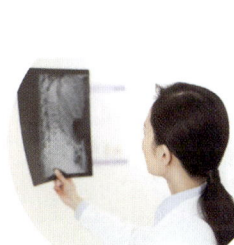

医生

发热

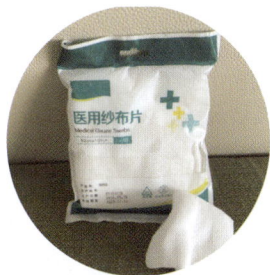

纱布

受伤

牙疼

肚子痛

2 认识词语

首先，出示图片，告诉儿童：这是 ____；然后，结合动作、借助实物、联系实际等，让儿童理解词语的意思。

（1）这是"按摩器"。这个按摩器可以缓解颈椎疼痛。

（2）这是"受伤"。擎天柱打坏人时受伤了。

（3）这是"药"。壮壮感冒了，需要吃药。

（4）这是"体温计"。医生给了丽丽一支体温计让她量体温。

（5）这是"发热"。他的体温是 39 ℃，他发热了。

（6）这是"医生"。生病了要去看医生。

（7）这是"纱布"。我需要一些纱布来包扎伤口。

（8）这是"牙疼"。糖果吃多了会牙疼。

（9）这是"打针"。壮壮害怕打针。

（10）这是"肚子痛"。吃了变质的东西肚子痛怎么办？

3 说出词语

以"打针"为例，画"_____"的地方由成人和儿童一起说出，画"____"的地方由儿童说出。

- 步骤 1：演示阶段
他在打针。

- 步骤 2：同时表达阶段
让我们一起说出来，他在 _____（打针）。

- 步骤 3：辅助表达阶段
他在打 __（打针）。
（说出"打"后停下来，请儿童完成后面的表达。）

- 步骤 4：跟随式重复阶段
打针，轮到你说了，____（打针）。

请你自己说出来，他在____（打针）。

4 主题活动

❶ 与儿童一起观看动画片《小猪佩奇·佩德罗咳嗽了》，并讨论怎样增强体质。

❷ 准备医生玩具套装，包括听诊器、体温计、药等，和儿童玩看病的游戏。这样可以提高儿童参与游戏的程度，培养儿童的想象力。

❸ 学习《防病小儿歌》："儿童少年好，健康是个宝；预防传染病，此事很重要；发现有症状，就医早报告；隔离与消毒，清洁要做好；人多扎堆处，别去凑热闹；手脸流水洗，勤洗热水澡；毛巾不共用，保持清洁好；喷嚏捂口鼻，瘟疫就没招；室内常开窗，空气流通好；新鲜吃菜果，多饮开水好；天天要运动，跑步又做操；衣食与住行，添减随温饱；睡眠要充足，劳逸结合妙；提高免疫力，综合策略高；百病防为主，全家开口笑。"

5 训练延伸

首先，示范 1~2 个情境下词语的应用，例如，与儿童讨论生病看医生的事情等；然后提供情境，请儿童自主应用。

（1）"我不想____。"

（2）小朋友，说一说，生病了怎么办？怎样预防疾病？

乐器

吉他

钢琴

萨克斯

笛子

古筝

小提琴

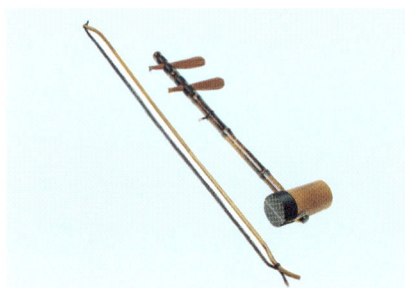

二胡

架子鼓

2 认识词语

首先，出示图片，告诉儿童：这是 ___；然后，结合动作、借助实物、联系实际等，让儿童理解词语的意思。

（1）这是"吉他"。昂昂想买一把吉他。

（2）这是"钢琴"。这架钢琴很贵。

（3）这是"萨克斯"。叔叔在吹萨克斯。

（4）这是"小提琴"。丽丽长大想学拉小提琴。

（5）这是"钢琴"。我唱歌，你用钢琴给我伴奏吧。

（6）这是"二胡"。二胡是中国的一种传统乐器。

（7）这是"古筝"。依依很喜欢古筝。

（8）这是"吉他"。很多男生都喜欢弹吉他。

（9）这是"架子鼓"。架子鼓是一种打击乐器。

（10）这是"笛子"。笛子是用细长的竹管做的，上面有一些小洞。

3 说出词语

以"古筝"为例，画"_____"的地方由成人和儿童一起说出，画"___"的地方由儿童说出。

- 步骤 1：演示阶段

这是古筝。

- 步骤 2：同时表达阶段

让我们一起说出来，这是 _____（古筝）。

- 步骤 3：辅助表达阶段

这是古 __（古筝）。
（说出"古"后停下来，请儿童完成后面的表达。）

- 步骤 4：跟随式重复阶段

古筝，轮到你说了，___（古筝）。

请你自己说出来，这是 ＿＿＿（古筝）。

4 主题活动

❶ "哪里能买到"游戏。设计一些图卡，如图卡上面一排画水果店、玩具店、乐器店等，下面一排画各种乐器、水果、玩具等，请儿童回答"哪里能买到下面这些物品？"，然后用线将物品和相应的商店连起来。

❷ 陪儿童欣赏播放乐器表演的电视节目，并有针对性地展开讨论，请儿童回答表演使用了哪些乐器。

❸ 准备笛子、口琴等乐器，与儿童一起进行乐器表演。运用演奏等形式拓宽儿童的兴趣，培养其音乐意识，吹笛子和口琴还可以练气息。只要儿童参与就给予奖励，循序渐进地提升难度。

5 训练延伸

首先，示范1~2个情境下词语的应用，例如，带儿童到乐器店，告诉儿童"这是钢琴""这是古筝"等；然后提供情境，请儿童自主应用。

（1）"这是 ＿＿＿。"

（2）"我想买 ＿＿＿。"

体育用品

1 目标词语

动感单车

篮球

乒乓球

足球

拳套

跳棋

运动服

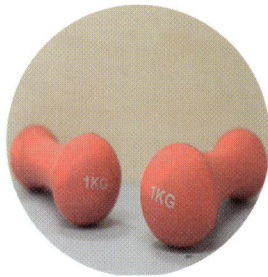
哑铃

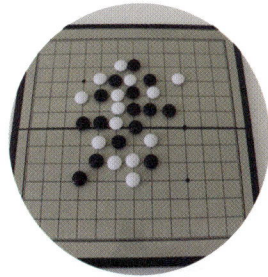
五子棋

网球

2 认识词语

首先，出示图片，告诉儿童：这是 ____；然后，结合动作、借助实物、联系实际等，让儿童理解词语的意思。

（1）这是"足球"。我们来踢足球吧。

（2）这是"篮球"。叔叔在打篮球。

（3）这是"乒乓球"。乒乓球是我国的国球。

（4）这是"拳套"。戴上拳套，我们来一场拳击比赛吧。

（5）这是"网球"。丽丽正在学打网球。

（6）这是"跳棋"。我不会下象棋，但我会下跳棋。

（7）这是"动感单车"。如果不想去外面跑步，可以用家里的动感单车健身。

（8）这是"运动服"。穿上运动服，让我们运动起来！

（9）这是"五子棋"。昂昂下五子棋很厉害。

（10）这是"哑铃"。用哑铃做运动前要选好合适的重量。

3 说出词语

以"足球"为例，画"_____"的地方由成人和儿童一起说出，画"___"的地方由儿童说出。

■ 步骤1：演示阶段

这是足球。

■ 步骤2：同时表达阶段

让我们一起说出来，这是 _____（足球）。

■ 步骤3：辅助表达阶段

这是足 __（足球）。

（说出"足"后停下来，请儿童完成后面的表达。）

■ 步骤4：跟随式重复阶段

足球，轮到你说了，＿＿＿（足球）。

■ 步骤5：自主表达阶段

请你自己说出来，这是 ＿＿＿（足球）。

4 主题活动

① 走平衡木。让儿童在平衡木上走，伸出两手保持身体平衡，训练中要注意保护儿童，防止其滑倒或摔倒。此活动可强化儿童身体的双侧配合、平衡反应和视觉运动协调。

② "骑摇马"游戏。成人扶儿童骑上摇马，并帮助儿童前后摇动，待熟练后，儿童可自己用身体的力量操纵摇马。此游戏可锻炼儿童的平衡能力，促进其前庭系统发育。

③ "踢球"游戏。教儿童把脚尽力抬高并将球踢出。此游戏可强化儿童的中枢神经系统和下半身的协调能力，这是幼儿阶段比较重要的感统游戏。

5 训练延伸

首先，示范1~2个情境下词语的应用，例如，拿出一些球，告诉儿童"这是足球""这是乒乓球""这是按摩球"等；然后提供情境，请儿童自主应用。

（1）"我来介绍一下这些球，这是 ＿＿＿。"

（2）小朋友，请说一说，足球、篮球、乒乓球有什么不同？

饰品

1 目标词语

耳钉

发卡

皮筋

戒指

腰带

太阳镜

手镯

手表

口红

项链

2 认识词语

首先，出示图片，告诉儿童：这是 ____；然后，结合动作、借助实物、联系实际等，让儿童理解词语的意思。

（1）这是"手表"。手表戴在手腕上。

（2）这是"手镯"。阿姨的手腕上戴着一只银手镯。

（3）这是"耳钉"。丽丽给妹妹买了一对漂亮的耳钉。

（4）这是"发卡"。妈妈拿出一个漂亮的发卡。

（5）这是"皮筋"。皮筋可以用来扎头发。

（6）这是"腰带"。这条腰带是爸爸的。

（7）这是"太阳镜"。夏天很晒，我们出门要戴太阳镜。

（8）这是"项链"。我喜欢这条心形的项链。

（9）这是"口红"。妈妈新买的口红颜色真好看。

（10）这是"戒指"。戒指要戴在手指上。

3 说出词语

以"戒指"为例，画"_____"的地方由成人和儿童一起说出，画"____"的地方由儿童说出。

- 步骤1：演示阶段

这是戒指。

- 步骤2：同时表达阶段

让我们一起说出来，这是 ____（戒指）。

- 步骤3：辅助表达阶段

这是戒 __（戒指）。
（说出"戒"后停下来，请儿童完成后面的表达。）

- 步骤4：跟随式重复阶段

戒指，轮到你说了，____（戒指）。

请你自己说出来，这是 ____（戒指）。

4 主题活动

❶ "神秘的礼物盒"游戏。准备一个礼物盒，里面放一些饰品，成人将饰品从盒子里逐一拿出并请儿童说出饰品的名称。或者成人提示饰品的部分特征，请儿童根据特征猜猜是什么，然后再拿出来，如："套在手指上的、装饰用的小环，用金属或玉石等制成。它是什么？（戒指）"

❷ 条件推理游戏。观察一幅人物情景画，给出若干个文字条件，请儿童从多个人物中找出符合条件的答案。如："这是一个小女孩，她头上戴着蝴蝶发卡。""这是一个小男孩，他离开了座位，他手里拿着一个碗。"

❸ 准备饰品套装，和儿童一起装扮芭比娃娃。

5 训练延伸

首先，示范1~2个情境下词语的应用，例如，拿出项链图片，说"我喜欢这条项链"等；然后提供情境，请儿童自主应用。

（1）"我喜欢 ____。"

（2）儿童边画边说："我画的是 ____。"

游戏活动

1 目标词语

搭积木

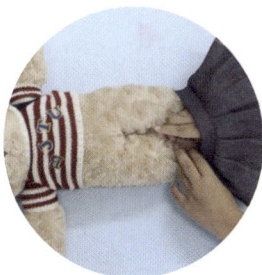

给娃娃换装

接球

涂色

折纸飞机

捏橡皮泥

撕纸条

手指操

拼拼图

2 认识词语

首先，出示图片，告诉儿童：这是 ___；然后，结合动作、借助实物、联系实际等，让儿童理解词语的意思。

（1）这是"搭积木"。我们一起来搭积木吧，搭一座小房子。

（2）这是"撕纸条"。昂昂拿出一张纸，开始撕纸条。

（3）这是"手指操"。小女孩在做手指操。

（4）这是"拼拼图"。拼拼图真好玩！

（5）这是"捏橡皮泥"。幼儿园的小朋友在捏橡皮泥。

（6）这是"折纸飞机"。你会折纸飞机吗？

（7）这是"接球"。妈妈扔球，我接球。

（8）这是"捏橡皮泥"。给你一块橡皮泥，我们一起捏橡皮泥。

（9）这是"给娃娃换装"。老师和丽丽在给娃娃换装。

（10）这是"涂色"。依依拿出画笔，她想涂色。

3 说出词语

以"拼拼图"为例,画"_____"的地方由成人和儿童一起说出,画"___"的地方由儿童说出。

- 步骤1：演示阶段

这是拼拼图。

- 步骤2：同时表达阶段

让我们一起说出来，这是 _____（拼拼图）。

- 步骤3：辅助表达阶段

这是拼 _____（拼拼图）。
（说出"拼"后停下来，请儿童完成后面的表达。）

- 步骤4：跟随式重复阶段

拼拼图，轮到你说了，_____（拼拼图）。

■ 步骤5：自主表达阶段

请你自己说出来，这是 _____（拼拼图）。

4 主题活动

❶ 准备一套芭比娃娃换装套装，和儿童一起给娃娃换装，训练儿童的服饰认知、手眼协调等能力。

❷ 阅读亲子绘本《快乐小司机》，通过动物们逐一上车又逐一下车的情节，儿童可以直观地理解物体数量的加减变化。

❸ "手指苹果树"游戏。在成人和儿童的5根手指上各画1个红苹果图案，成人边念儿歌边用食指依次点儿童的手指。"1，2，3，4，5，5个红苹果，熟透了，掉下来。"说到"掉下来"时，被点的手指就要弯下来。然后念第二遍儿歌，依次点剩下的4根手指。以此类推，直到所有的"苹果"都"掉下来"。

5 训练延伸

首先，示范1~2个情境下词语的应用，例如，"我爱玩'小小传话员'的游戏，你呢？""你玩过'丢手绢'游戏吗？"等；然后提供情境，请儿童自主应用。

（1）"我觉得 ____ 游戏最好玩！"

（2）成人介绍1~2个游戏活动的基本规则，然后请儿童复述。

维修工具

1 目标词语

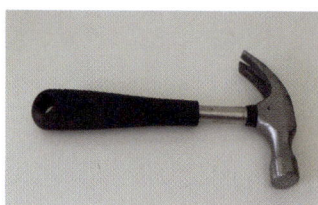

锤子

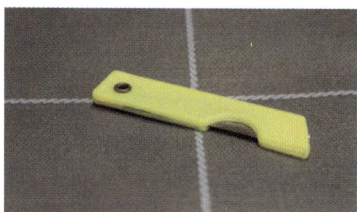

小刀

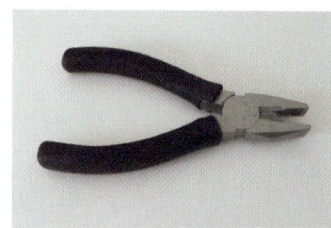

钳子

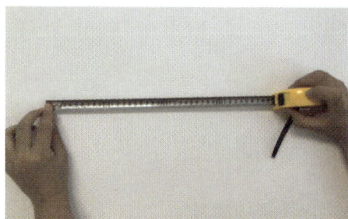

卷尺

钉子

扳手

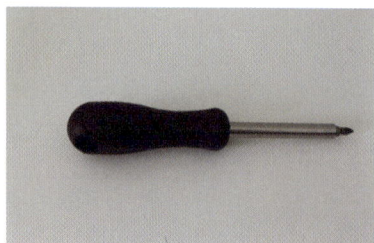

螺丝刀

电钻

2 认识词语

首先，出示图片，告诉儿童：这是 ____；然后，结合动作、借助实物、联系实际等，让儿童理解词语的意思。

（1）这是"锤子"。小朋友拿起锤子用力地敲。

（2）这是"小刀"。使用小刀时要注意安全。

（3）这是"电钻"。明明说："我长大了才会用电钻。"

（4）这是"钳子"。工人叔叔用钳子把墙上的钉子取了下来。

（5）这是"扳手"。请用这把扳手把木板上的螺栓拧紧。

（6）这是"螺丝刀"。给玩具换电池时，先用螺丝刀把电池盖上的螺丝拧下来。

（7）这是"小刀"。这把小刀是黄色的。

（8）这是"钳子"。钳子是用来干什么的？

（9）这是"卷尺"。我们用卷尺量一下这面墙有多长。

（10）这是"钉子"。墙上的相框掉下来了，我们要钉一个钉子，把相框再挂上去。

3 说出词语

以"卷尺"为例，画"____"的地方由成人和儿童一起说出，画"___"的地方由儿童说出。

- 步骤 1：演示阶段
这是卷尺。

- 步骤 2：同时表达阶段
让我们一起说出来，这是 ____（卷尺）。

- 步骤 3：辅助表达阶段
这是卷 __（卷尺）。

（说出"卷"后停下来，请儿童完成后面的表达。）

■ 步骤4：跟随式重复阶段

卷尺，轮到你说了，_____（卷尺）。

■ 步骤5：自主表达阶段

请你自己说出来，这是 _____（卷尺）。

4 主题活动

❶ "连连看"游戏。准备图片和一支笔，请儿童把维修工具和相应的维修对象用直线连起来，如锤子和钉子连在一起、扳手和螺栓连在一起、锯子和木头连在一起等。

❷ 与儿童一起观看《变形警车珀利的维修工具箱》等视频，并就某些工具或维修行为展开讨论，如"这个维修工具是什么？""他是怎么将螺丝拧紧的？"等。

❸ 准备维修工具套装玩具，让儿童扮演修理工，成人提出修理要求，例如"给玩具换电池""把模具锯开""拧紧螺丝"等，让儿童选择合适的工具进行修理。

5 训练延伸

首先，示范1~2个情境下词语的应用，例如，拿出锯子玩具，说："这是锯子，光头强用它伐树。"然后提供情境，请儿童自主应用。

（1）"这是 _____。"

（2）"_____ 坏了，可以用 _____ 来修。"

公共标志

1 目标词语

当心火灾

卫生间

停车场

深水区

可回收物

加油站

节约用水

禁止吸烟

安全出口

当心夹手

2 认识词语

首先，出示图片，告诉儿童：这是 ____；然后，结合动作、借助实物、联系实际等，让儿童理解词语的意思。

（1）这是"卫生间"。卫生间要保持干净。

（2）这是"停车场"。下班了，爸爸去停车场开车，准备回家。

（3）这是"当心夹手"。公交车的车门上贴有"当心夹手"的标志。

（4）这是"禁止吸烟"。吸烟是不对的，这里有"禁止吸烟"的标志。

（5）这是"加油站"。给汽车加油要去加油站。

（6）这是"安全出口"。楼道里有"安全出口"的标志。

（7）这是"当心火灾"的标志。如果遇到火灾，我们应该如何逃生？

（8）这是"节约用水"。我们要节约用水，保护地球。

（9）这是"深水区"。昂昂目前不适合到深水区游泳。

（10）这是"可回收物"。请将回收后可以加工再利用的垃圾扔到标有"可回收物"的垃圾桶里。

3 说出词语

以"加油站"为例，画"_____"的地方由成人和儿童一起说出，画"____"的地方由儿童说出。

- 步骤 1：演示阶段

这是加油站。

- 步骤 2：同时表达阶段

让我们一起说出来，这是 ____（加油站）。

- 步骤 3：辅助表达阶段

这是加 ____（加油站）。

（说出"加"后停下来，请儿童完成后面的表达。）

■ 步骤4：跟随式重复阶段

加油站，轮到你说了，＿＿＿＿＿＿（加油站）。

■ 步骤5：自主表达阶段

请你自己说出来，这是＿＿＿＿＿＿（加油站）。

4 主题活动

❶ 贴纸游戏。根据场景图，如汽车没油了，需要加油，水龙头没有及时关闭，水哗哗地流着等，请儿童将合适的公共标志贴在相应的方框里。此游戏可提高儿童认知水平，培养其社会适应能力。

❷ 准备2~3个公共标志卡片，请儿童根据所给卡片编一个小故事，如"爸爸下班后开车回家，这里禁止掉头，直行，路过一个停车场，再往前走就到家了"。

❸ 与儿童一起发现、观察公共标志，给儿童讲部分公共标志的构思和设计要领，请儿童为学校或家庭设计一个标志，并讲一讲标志设计的意义，培养儿童的想象力和思维能力。

5 训练延伸

首先，示范1~2个情境下词语的应用，例如，带儿童来到"安全出口"标志前，或给儿童看图片，告诉儿童"这个标志我认识，它是安全出口"等；然后提供情境，请儿童自主应用。

（1）"这个标志是＿＿＿＿。"

（2）小朋友，说一说，你在哪里见过这个标志？

主要参考文献

［1］ 北京小红花图书工作室. 邦臣小红花·0–3岁专注力训练贴纸书［M］. 北京：中国人口出版社，2016.

［2］ 北京小红花图书工作室. 邦臣小红花·宝宝自己会读［M］. 青岛：青岛出版社，2017.

［3］ 潘前前，杨福义. 如何发展自闭谱系障碍儿童的认知能力［M］. 北京：北京大学出版社，2014.

［4］ 真果果. 推理力训练：全6册［M］. 北京：中国人口出版社，2015.

［5］ 徐朝霞. 蒙特梭利家庭教育实用方案 1～3岁［M］. 北京：中国宇航出版社，2005.

［6］ 方俊明，雷江华. 特殊儿童心理学（第二版）［M］. 北京：北京大学出版社，2015.

［7］ 张磊，周林灿，黄昭鸣. 语言康复训练实用手册［M］. 上海：华东师范大学出版社，2010.

［8］ 王楠楠. 儿童语言能力训练［M］. 北京：中国人口出版社，2014.

［9］ 北京小红花图书工作室. 邦臣小红花·宝宝的第一套拼图游戏［M］. 北京：中国人口出版社，2015.

［10］ 锜宝香. 儿童语言障碍［M］. 北京：首都师范大学出版社，2016.

［11］ 梁丹丹. 儿童语言障碍引论［M］. 北京：商务印书馆，2017.

［12］ 美国迪士尼公司. 宝贝，别生气［M］. 北京：人民邮电出版社，2015.

［13］ 张茂林，杜晓新. 特殊儿童认知训练［M］. 南京：南京师范大学出版社，2015.

［14］ 周念丽. 特殊儿童的游戏治疗［M］. 北京：北京大学出版社，2011.

［15］ 王派仁，何美雪. 语言可以这样玩：儿童语言发展游戏与活动［M］. 济南：山东人民出版社，2012.

［16］ Charles E. Schaefer & Donna Cangelosi.Play Therapy Techniques.JASON ARONSON INC.2002.

［17］ Ingrid Pramling–Samuelsson & Marilyn Fleer.Play and Learning in Early Childhood Settings.Springer Science+Business Media B.V. 2009.

［18］ Janet Moyles.Thinking about Play. Open University Press,2010.

［19］ Marion Nash & Jackie Lowe. Language Development for Maths. David Fulton Publishers,2004.

［20］ Pat Broadhead, Justine Howard & Elizabeth Wood. Play and Learning in the Early Years.SAGE,2010.www.sagepub.co.uk/education.